조선의 재발견

조선의 재발견

1판 1쇄 인쇄 2017년 10월 20일
1판 1쇄 발행 2017년 10월 25일

지은이 한주서가
펴낸이 이윤규

펴낸곳 유아이북스
출판등록 2012년 4월 2일
주소 서울시 용산구 효창원로 64길 6
전화 (02) 704-2521
팩스 (02) 715-3536
이메일 uibooks@uibooks.co.kr

ISBN 978-89-98156-89-3 03910
값 14,000원

* 이 도서의 국립중앙도서관 출판예정도서목록(CIP)은 서지정보유통지원시스템 홈페이지(http://seoji.nl.go.kr)와 국가
  자료공동목록시스템(http://www.nl.go.kr/kolisnet)에서 이용하실 수 있습니다. (CIP 제어번호 : CIP2017025496)

교과서에 없는 자랑스러운 우리 역사 —— 한주서가 지음

조선의 재발견

대한민국 vs. 조선

과연 우리는 더 나은 세상에서 살고 있는가

Uni 유아이북스
Ultimate Information

•

조선과
대한민국

•

2016년 겨울, 추위를 무릅쓰고 광장으로 향했다. 나를 포함한 대한민국의 모든 이들을 분노하고 좌절하게 한 최순실의 국정농단 사건 때문이었다. 언론을 통해 알려진 최순실이란 비선 실세로 인해 대한민국뿐만 아니라, 전 세계가 경악을 금하지 못했다.

이 사건을 접하고, 문뜩 머릿속에 떠오른 인물이 있었다. 바로 조선 시대의 비선 실세였던 무당 '박창렬'이었다. 과거 우연히 듣게 된 고종의 비선 실세 박창렬, 바로 '진령군'에 관한 이야기가 떠올랐던 것이다.

평소 우리 역사에 대해 관심이 높아 연구를 계속 했지만 최 씨의 국정농단 사건을 계기로 새로운 의문이 들었다. 지금의 대한민국은 수백 년 전의 조선 시대보다 얼마나 더 성장을 했고 나아졌는지, 혹은 조선 시대 때도 지금과 비슷한 일들이 더 있진 않았는지 궁금해졌던 것이다.

이러한 동기를 가지고 조선 역사에 대한 각종 자료를 다시 살펴보기 시작했다. 그러다 보니 우리가 일반적으로 알고 있던 조선에 대한 이미지와는 다른 의외의 모습들을 찾을 수 있었다. 또한 내가 발견한 새로운 이야기들을 책을 통해 다른 사람들에게도 알리고 싶어졌다. 익숙하던 무언가에서 새로운 면을 발견한다는 건 언제나 신선한 흥미를 느끼게 되는 법이니 말이다.

지금 이 책을 손에 든 모든 이들이 나처럼 신선한 흥미를 느끼며, 조선 시대라는 과거를 통해 지금을 돌아보고 앞으로 나아갈 수 있는 힘을 얻기를 바란다.

2017년 봄
한주서가를 대표해 한주 씀

|차|례|

부록

1장

별난 조선, 잘난 조선

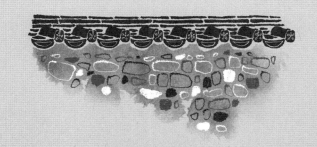

복지 대 복지

복지란 무엇일까? 어려운 질문이다. 사회복지사 혹은 유관기관 관계자에게 질문해도 명확하게 이해되는 답을 얻지 못한다. 복지의 사전적 의미는 '행복한 삶'이다. '행복한 삶'이라는 건 주관적이며 추상적이기 때문에 복지의 개념도 추상적이고 애매모호하게 다가오는 경향이 있는 것 같다. 단순히 'A는 B다'의 범주에 속하는 것이 아니기 때문에 이를 시행하는 사람도 힘들고 받아들이는 사람도 불만이 많다.

추상성을 조금 걷어내면 복지는 행복을 위한 최소한의 요건을 충족시켜 주거나 행복을 가로막는 문제를 없애는 것을 뜻한다. 복지는 자선이 아니다. 단순히 나누고 베푸는 봉사 활동이 아님을 인지해야 한다. 대가 없이 누군가에게 주는 건 자선이다. 자선은 결과를 기대하지 않기 때문에 목적 자체가 모호하다. 그렇기에 복지는 해당 행위에 있어서 목적을 가져야 한다. 문제를 직시하고 어떻게 해결하며 어떤 기대효과가 필요한지에 대한 로드맵을 그려야 한다. 이것이 복지의 목적성이다.

대한민국이 사회복지 국가 반열에 이름을 올렸다고는 하나 아직도 걸음마 단계에 불과하다. 흔히 유럽과 비교하며 안타까워하지만 모두 따라 할 수 없는 실정이다. 이럴 때일수록 우리에게 맞는 것을 찾아야만 한다.

600년 전, 조선에서는 장애인도 높은 벼슬에 오를 수 있는 기회가 열려 있었다. 계급 사회인 조선 시대에 파격적인 대우가 아닐 수 없다. 허나 그 이유는 단순하다. '종친에 장애인이 많았다는 것'과 '집권자가 장애를 경험했기에' 가능한 일이었다.

세종은 35세란 젊은 나이에 시각 장애를 앓기 시작했고 선조는 왜란 전후로 혼란이 가중되어 크고 작은 지병에 시달렸다. 또 19대 왕인 숙종도 50대에 접어들며 눈에 이상이 있음을 알렸다. 왼쪽 눈은 거의 실명에 가까웠고 오른쪽 눈도 흐릿하게 보였다고 한다. 마지막 왕인 순종 또한 자폐증을 앓고 있었다는 의견도 있다. 이외에도 사대부 집안 등 왕족과 긴밀한 관계를 유지하는 가문에서도 장애인이 있었다. 그들이 비록 장애를 가졌으나 대리청정하기 전까지 실무를 고집했기에 역지사지의 마음이 생긴 게 분명하다.

꼽추인 허조는 세종의 정치사에 빼놓을 수 없는 인물이었다. 고려 말 공민왕 때부터 충신으로 알려진 그는 직언을 하기로 유명했다. 태종 즉위 후 좌천된 적도 있지만 국가를 위하는 마음은 변하지 않았다. 세종 때에는 구임법을 제정하여 전문직 등 숙련이 필요한 관직의 관리들을 장기등용시켰다. 또한 죄인의 자식이라도 죄가 없으면 처벌하지 않음을 강조했고, 이조판서 때는 평안도에 성곽을 쌓아야 한다며 주장을 관철시켰다. 약관의 나이에 말에서 떨어져 장애를 입었지만 좌의정까지 지내며 국정에 헌신한 인물이다. 이외에도 간질을 앓았던 중종 때의 정국공신 권균과 숙종 때 풍증으로 한쪽 다리를 잃은 문신 윤지완이 있다. 중요한 건 장애가 있음에도 능력을 높이 평가했고 왕이 바뀌어도 그 맥락을 유지했다는 사실이다.

장애를 가진 백성에 대한 처우도 당연시했다. 동서 활인원에선 장애 수준에 따라 조세와 부역을 면제하고 '시정(侍丁)'이라 불리는 부양자를 제공하였다. 소정의 쌀과 고기, 그리고 생필품 등을 제공하며 의식주 해결에 조정이 직접 나섰다. 비용을 운운하며 제도화된 현재보다 인간적이고 선진적임을 알 수 있다.

당시의 선진적인 정책 중 출산정책을 빼놓을 수 없다. 1426년(세종 8년)에는 약 100일간의 출산휴가를 주도록 실시했다. 일반적으로 관청의 여노비는 일주일간의 휴가를 지급받았는데 세종은 산모가 몸을 회복하기에 일주일의 시간으로는 턱없이 부족하다는 걸 깨달았다. 또한 출산 전에도 한 달의 기간 동안 일을 면제해 주었다. 출산이 임박하면 거동이 불편하고 집에 가기 전에 아이를 낳는 경우가 빈번하게 발생해 산모가 위험해지는 경우가 많았기 때문이다. 세종은 여기서 그치지 않고 노비의 남편에게도 출산휴가를 주었다. 산모가 아이를 낳아 휴식을 취해도 돌봐주는 사람이 없어 목숨을 잃는 일이 발생했기에 산모의 남편에게도 대략 한 달 정도의 휴가 기간을 명했다. 관청에서 전국으로 퍼져간 이 출산정책은 지금 들어도 놀라운 사실이다. 어찌 보면 지금보다 더 나아보일 정도로 말이다.

세종이 고된 노동에 종사하는 사람들의 마음을 헤아린 데는 세종 본인이 다자녀를 두어서이다. 18남 4녀. 많은 자녀가 출산되며 배운 건 아버지가 된다는 사실만이 아니었다. 산모의 고통을 수차례나 옆에서 지켜보다 출산에 대한 미비한 제도를 발견하게 된 것이다. 해를 거듭할수록 강조된 휴식은 세종에게 있어서 너무나 당연한 정책이었다.

근로기준법 74조에는 '임신 중인 여성에게 90일의 보호휴가를 부여하며 산후 45일 이상이 되어야 함'이라고 되어 있다. 제도는 개선되었지만 여전히 유급이니 무급이니 찬반논쟁이 뜨겁다. 보통 60일을 유급으로 하고 나머지 일수는 고용보험에서 지원받는 형식이다. 배우자는 5일 중 최소 3일의 유급휴가를 받게 되어 있다. 휴가에 대한 조건도 까다롭다. 직종의 관계는 없다고 알려져 있지만, 5인 미만 사업장에선 민원이 꾸준하고 고용보험 가입일수에 따라 수급 자격 요건이 정해진다. 기계처럼 딱딱한 법칙에서 몸조리 잘

하라는 덕(惠)은 느껴지지 않는다. 수당지급과 휴가 일수만 계산하다간 현재 정해놓은 딱딱한 규칙마저 흔들릴 가능성이 높다.

조선 시대 때 장애인과 산모를 대하는 태도에서 인(仁)이 먼저였음을 알 수 있다. 그렇다고 해서 당시 시행되었던 모든 정책이 자리잡은 건 아니었다. 취지는 좋았지만 실패한 정책도 많았는데 그 중하나가 바로 '신문고(申聞鼓)'이다.

신문고는 1401년 태종이 백성들의 억울한 일을 직접 해결하고자 대궐 밖에 달아두었던 북을 뜻한다. 《태종실록》엔 말이 쓸 만하면 바로 채택하여 받아들이고, 비록 말이 맞지 않는다 하더라도 또한 너그러이 용서하여 주리라는 구절이 있다. 너그럽다는 데에서 이전 상황이 짐작된다. 태종은 개국 후의 혼란스러움을 잠재우기 위해 왕권강화가 필요한 시점이었다. 이런 고민을 하던 중 신하들의 의견으로 송나라 태조가 실시한 등문고 제도를 알게 된다. 태종은 머뭇거리지 않고 같은 해 등문고 제도를 본떠 신문고로 명칭을 바꾸고, 고발 절차를 구체화하는 등 적극적인 자세를 취했다. 이에 백성들은 기대감 보단 억울한 누명을 재고할 수 있다는 사실에 놀라워했다.

신문고가 설치된 뒤 입소문이 퍼지자 너도 나도 북을 치러 나오기 시작했다. 그러나 얼마 지나지 않아 신문고가 무용지물이란 인식이 팽배해졌다. 의금부 앞에 있는 신문고(오늘날의 종각 근처)는 일반 백성이 접근하기에는 현실적으로 어려움이 많았기 때문이었다.

천릿길을 걸어와서 북을 두드리는 것도 문제가 있었고, 북을 두드리려는 백성에게 의금부 관리들이 으름장을 놓기도 했다. 결정적인 건 주인이나 상관을 고발할 수 없었다는 것이다. 타인을 매수하여 고발하게 하는 자와 관찰사 수령이나 품계를 지닌 하급 관리를 고발하는 자에게도 엄벌을 내렸다.

종사(宗寺)에 관계된 일만 다루다 보니 점점 실효성이 떨어졌다. 세조 때에는 잠깐 폐지되었다가 1471년 성종에 의해 다시 부활했다. 조금은 완화되어 가족 간의 일과 노비가 주인을 위하는 일 중에서 지극히 억울한 일에만 북을 칠 수 있게 하였다. 허나 이것도 점점 예전 사건까지 들먹이며 시비를 가리려는 경우가 빈번해지자 혼란이 가중된다는 이유로 연산군 때 다시 신문고 제도를 폐지해 버렸다.

수백 년이 지난 2008년, 국민신문고가 도입되면서 21세기에 다시 신문고를 만날 수 있게 되었다. 지금의 신문고는 민원뿐만 아니라 정책참여와 예산낭비도 제안할 수 있다. 고발 이외에도 칭찬도 가능해 시민들의 꾸준한 참여가 이어지고 있다. 이는 태종이 혼란을 예상해 제한한 제도를 풀어낸 셈이다. 모든 제안이 완벽하게 해결된 건 아니지만 어딘가에 해소할 공간이 생겨 마음에 든다는 사람도 많다. 교내 성폭행 같은 조치가 시급한 사안들의 해결 건수도 상당하다. 하지만 교통법규를 무시한 차량 등 자신과 직접적인 관련이 없음에도 신고하여 민원 처리된 경우도 있다. '법은 절대적'이란 말에 동의하기는 힘들지만 원통한 일이 없도록 억울한 백성의 마음을 듣고자 했던 선조들의 취지는 왜곡하지 말아야겠다.

현재 대한민국의 정책 중 아쉬움이 큰 대목이 주거정책이다. 지금은 '주거난'이란 말을 쉽게 들을 수 있을 만큼 큰 사회적 문제로 대두되어 있다. 주거에 관한 문제는 상대적으로 지금보다야 덜했겠지만 조선 시대에서도 뜨거운 감자였다. 조선 중기 이후부터 서서히 주거 공급의 실패로 이어져 관리들은 지방으로 발령 나면 국가에서 제공하는 거처나 친척집을 이용해야 했다. 당시에도 하급 관리의 녹봉으로 괜찮은 집을 장만하는 건 어려운 일이었다고 한다.

《영조실록》에는 집세를 감해 주었다는 기록이 남아있다. 한양으로 돌아온 관리들이 집세를 내지 못했기에 조정에 간청한 것이다. 세입자를 본격적으로 관리한 시기이기도 하다. 이에 조정은 집이 필요한 이들에게 지속적으로 공급하기 위해 땅을 사들이기 시작했다. 또한 큰 집을 서너 가구로 나누어 저렴한 가격으로 임대했다.

여기서 문제는 시세 차익을 노리는 관리가 많아졌다는 사실이다. 이에 오랜 시간동안 그들과의 힘겨루기를 한 끝에 1가구 1주택 정책을 시행할 수 있었고, 양반은 양반, 중인은 중인끼리 주택 거래를 하도록 제한했다. 이때 집을 여러 채를 보유한 양반들은 노비의 신분을 격상하면서 계약서 위조를 강행했다. 예나 지금이나 크게 달라보이지 않는 현상이다.

이러한 분위기가 이어지니 양극화 현상은 불가피했다. 중종 때는 인적이 드문 산 밑을 개간하여 토지를 분할해 공급했다는 기록도 있다. 자연스레 사대문 안의 집값은 치솟았고 멀리 떨어진 주거 시설에도 상승효과를 가져다주었다. 정9품의 녹봉 2년 치가 있어야 그나마 인적이 드물고 교통이 불편한 곳에 위치한 집을 살 수 있을 정도였다.

조선 왕조의 주거정책 실패는 지금까지 이어지고 있다. 이유는 건국 초에 약 500만 명이던 인구가 중종 14년에 접어들면서 1000만 명을 넘어섰기 때문이다. 바꿔 말하면 조선 초기 세종이 즉위했을 때는 주거정책이 그리 큰 사회적인 문제가 아니었음을 알 수 있다. 세종이 통치하던 시절 주거 문제가 사회적인 문제로 대두되었다면 세종은 현명하게 이를 극복할 수 있는 방안을 제시해 주었을지도 모른다는 생각이 들기도 한다. 주거 문제뿐만 아니라, 지금 우리가 겪고 있는 다양한 문제들을 세종이 마주했다면 어떤 정책을 내놓았을지 궁금할 뿐이다.

복지정책을 보면 사회의 전반적인 분위기를 알 수 있다. 고령화 시대에 맞서 출산, 취업, 노인복지 등이 현재 우리 사회의 해결해야 할 문제로 등장했다. 조선과 비교해보면 사실 크게 다르지 않다. 시대적 배경에 따른 변수들이 다를 뿐, 복지는 어느 시대에서나 필요한 부분이다. 우리가 조선의 복지정책을 통해 배워야 할 점은 역지사지에 기반을 둔 인(仁)이다. 신문고나 주택공급 등 비록 실패한 정책도 문제를 개선하고 백성을 위하는 마음에서 시작되었음을 잊지 말아야 한다.

태조는 조선의 건국이념 중 하나로 궁핍한 홀아비, 홀어미, 고아, 자식 없는 노인 이 네 부류의 백성인 사궁민(四窮民)을 마땅히 돌보아야 한다고 했다. 대한민국 정부는 진퇴양난을 거듭해 왔다. 오랜 기간 동안 개혁을 외쳤어도 특별히 달라진 건 없었다. 사실 정부만의 문제는 아니다. 사궁민을 모른 체한 시민의식, 그리고 선진국과 비교하며 탁상공론에만 머무는 분위기도 한몫 했다고 본다. 조선의 왕조는 다 같이 잘 살아보자는 데에 목적을 두었다. 우리에게 맞는 건 보여주기 식 관행과 'A는 B'라는 형식적인 제도가 아니다. 단순하지만 명확했던 조선 시대 복지정책의 목적성에 우리는 얼마나 부합하고 있는지 재고해 볼 필요가 있다.

외국어
조기 교육

아이돌 가수 소녀시대 윤아가 최근 중국의 모 패션잡지와 인터뷰를 했다. 주목받은 건 그녀의 사생활이 아니라 유창한 중국어 실력이었다. 재작년 국내 예능 프로그램에 출연하며 여행객 수준의 중국어를 구사했던 게 분명히 기억난다. 그동안 어떤 학습을 했기에 현지인 수준이 됐을까?

남자 아이돌도 크게 다르지 않다. 빅뱅의 승리는 일본과 한국을 오가며 활동 중이다. 일본 방송에 나온 그는 위축되기는커녕 한 코너를 맡아 진행을 할 정도로 유창한 일본어를 구사하고 있다.

최근 일본의 젊은이들 사이에 인기몰이 중인 그룹은 단연 방탄소년단, 'BTS'다. 금방 책에서 보고 외운 듯한 일본어를 말하며 인터뷰하는 모습을 보았다. 일 년 뒤 어떤 모습으로 일본 팬을 만날

지 상당히 기대된다.

현재 한류는 케이팝(K-Pop)을 필두로 뻗어나가고 있다. 이들을 보고 있으면 놀라지 않을 수 없다. 춤과 노래만 잘하면 된다는 건 오래전 일이다. 웃음도 주어야 하고 연기도 해야 한다. 또한, 외국에 가서 공연도 해야 한다. 이렇다 보니 데뷔하기 전부터 일본어와 중국어를 학습하는 모습이 공개된 적도 있다. 유명 기획사 마케팅 팀장은 "해외 시장 공략은 필수"라며 가수를 준비하는 어린 친구들에게 외국어 습득을 강조했다.

이들에겐 외국어 공부의 동기가 생업인 셈이다. 국내보다 더 매력적인 시장을 찾아 진출해야만 하는 입장에서 앞으로 더욱 영어, 일본어, 중국어 등의 외국어 공부를 매진해야 할 전망이다. 동남아시아, 북유럽권도 반응이 좋기에 조만간 타이어나 불어가 유창한 아이돌을 만날 수도 있겠다.

어릴 적부터 한국은 '삼면이 바다'라는 소리를 귀가 닳도록 들었다. 다시 말하면 주변국과의 우호적인 관계가 중요하다는 사실이다. 이는 천 년 전이나 지금이나 크게 다르지 않다. 중국뿐만 아니라, 북방의 여러 민족 그리고 바다 건너 일본과의 접촉은 필수적이었다. 결국 지정학적 특징이 조선을 움직이게 만들었다. 이런 움직임의 가교 역할을 담당한 게 역관들이었고 그들을 양성한 기관이 사역원이다.

엄밀히 말하자면 외국어 교육은 1276년 고려의 통문관에서 시작되었다. 당시 통역관을 설인(舌人)이라 불렀는데 사리를 도모하여 인식이 좋지 않던 시점이었다. 1389년 공양왕 즉위 후 사역원으로 개칭하며 십학(十學)을 설치했고 인식은 차츰 개선되었다. 그래도 역학(譯學)은 말석을 차지할 정도의 비중이었기에 유학(儒學)과 무학(武學)에 비해 중요도가 떨어졌음을 짐작할 수 있다. 또한 원나라에 내주하는 고려인의 통역 실무도 있었기에 학자들은 통문관의 실효성에 의구심이 든다고 한다. 그러나 태조가 조선을 건국하며 역학의 판도가 뒤집혔다. 외교문서를 다루는 승문원, 통역을 담당하는 사역원으로 나누어 외국어 교육에 힘을 쏟았다. 역관 양성에 있어서 교수직 이외 정9품에 해당하는 훈도생은 역학생의 외국어 학습을 맡았다. 역학생이 역관의 보조 임무를 수행하니, 하급 관리도 실무자로서 인정한다는 의미이다. 이처럼 까다로운 과정은 사역원에 발을 딛기 전부터 시작됐음을 알 수 있다.

한아 언어, 즉 한어(漢語)는 역관들의 과업이었다. 13세기 초 몽고족이 세력을 얻어 이 지역의 패권을 차지하며 원(元)을 건국하자 몽고어가 많이 혼입된 형태의 중국어가 등장했다. 이것이 종래 몽문직역체, 또는 한문이독체로 불리는 한아 언어이다. 이는 기존 대륙에서 행해졌던 아언이나 통어와 의사소통이 불가능할 정도의 다른 언어였다고 한다. 조선 중기에 접어들며 일본어 교육이 확대되었지만, 고려 말에서부터 시작된 이 한어 교육은 북방민족과의 교류에 있어서 필수적이었다. 오고타이(몽골제국 제2대 황제 태종)는 한어를 주변 국가에 교육시키며 관계를 돈독히 하고자 했다. 명목상 친밀도 상승이었지만 조공국가의 위치를 확인시키려는 의도가 강했었다.

한어는 표의문자인 한자로만 기록되기에 발음이 어려운 언어였다. 이에 쿠빌라이(몽골제국 제5대 황제 세조)는 발음 기호로서 파스파 문자를 고안하며 정착시켜 나갔다. 고려에서는 한어를 학습하기 위해 한어도감을 두었고, 《노걸대》와 《박통사》가 기본 교재로 사용되었다. 조선에 이르러 왜란과 호란을 겪으며 나라가 수탈되었어도 한학의 중요도는 여전했기에 수정을 거듭하며 간행되었다.

《노걸대》의 내용은 오늘날 여행 가이드북과 비슷하다. 한 고려인이 중국을 여행하며 중국인들과 만나 대화하는 형식이고, 상황에 따라 필요한 지식들도 담겨 있다. 일례로 여관에 들어가 해야할 말부터 시작하여 음식을 주문하고 가축의 여물을 먹이는데 사용되는 문장들로 구성되어 있다. 더욱이 시장의 물가나 거래하는 방법 그리고 중국인이 고려인에게 물어볼 만한 내용들까지 세세하게 언급되어 있다. 아쉽게도 기본서의 발행인은 아직까지 밝혀지지 않았다.

大哥, 你從那裏來: 형씨는 어디서 오셨소?

我從高麗王京來: 나는 고려 왕경에서 왔소.

如今那裏去: 이제 어디로 가시려고 하오?

我往北京去: 난 북경으로 갈 거요.

你幾時離了王京: 당신은 언제쯤 왕경을 떠나오셨소?

我這月初日離了王京: 나는 지난달 초에 왕경을 떠나왔소.

— 《노걸대》의 일부분

역관이 되려면 먼저 3년에 한 번씩 치러지는 과거 시험을 보아야
한다. 시험 방식으로는 책을 보며 한어로 읽고 그 뜻을 새기는 임문
(臨文, 책을 펴 놓고 읽음), 또는 임강(臨講, 책을 펴 놓고 그 뜻을 풀이)의
방법과 책을 보지 않고 한어로 읽는 배강(背講)의 방법이 있다. 또한
책을 보지 않고 외우는 배송(背誦)의 방법을 도입하며 난이도를 높
였다. 1등으로 합격한 사람을 장원으로 하고 나머지는 점수에 따라
차례로 방을 붙여 합격자를 발표했다. 역과에서 1등을 한 사람에게
는 종7품을 수여하고 사역원에서 곧바로 채용했다. 종7품이라 함은
직장(直腸)의 직임을 가지고 녹봉으로 쌀 13두와 콩 6두를 받는다. 2
등은 종8품, 3등은 종9품을 주어 녹봉을 차등 지급했다.

시험에 합격했다고 해서 끝난 게 아니다. 사역원에 입성하면 매
년 최종 자격시험이라 불리는 역과를 비롯해 수행 역관이나 녹관
선발을 위한 취재(取才, 과거와는 별도로 하급 관리를 뽑기 위한 시험)가
있었다. 시험에 거듭 우수한 성적을 내면 정2품까지 오를 수 있기
에 신분 상승의 열쇠인 셈이다. 조선 초기에는 사역원의 관원이 정
3품부터 종9품까지 29명밖에 되지 않으므로 상당히 어려운 수준임
을 알 수 있다. 하지만 종7품에서 종6품으로 한 단계 진급하면 주어
지는 녹봉의 쌀 단위가 두에서 석으로 바뀐다. 끊임없이 학업에 정

진하도록 만든 체계라는 점을 엿볼 수 있다.

1553년 명종 8년, 사역원에서는 중국인과 교섭 때 문자보다 언어를 우선시한다고 공고했다. 그리하여 교육 방법에서도 단지 암송하는 게 아닌 회화의 중요성을 강조하기 시작했다. 녹직 취재에서는 두 사람이 한 조를 이루어 한어를 강론(講論)하는 원시(院試)에 무게를 두었다고 전해진다. 한어교수 1명과 훈상당상 2명에 의해 시험이 진행되며 3분(分) 이상의 점수를 받은 사람에게만 응시 자격을 부여했다. 종합적인 점수가 동일할 경우에는 원시가 우수한 자를 우선 선발한다고 명시했다.

취재는 시험에 합격했다고 하더라도 일정의 경력이 있어야 했다. 17세기 전반까지는 성적을 중히 여겨 녹직의 경험이 없어도 첨정(僉正, 종4품 관직)을 임명받았다. 그러나 숙종 때 민정중(조선 후기 숙종 때의 문신)이 이력이 없는 자에게 직임을 남발하는 것을 자제하라고 간청했다. 이후 6품 이상을 지낸 자에게만 품계를 올릴 수 있는 효력이 발생되었다. 특히 부경취재, 즉 중국으로 가는 사신의 수행역원이 되기 위해서는 실무에 대한 경험을 중요시했다고 볼 수 있다.

왜학은 한학에 비해 중요도는 떨어졌으나 방법은 비슷했다. 경국대전 3권에 명시된 왜학 시험 방식에는 필기시험인 사자(寫字), 번역하는 역어(譯語), 시험관과 질의응답하는 강서(講書)를 두어 3년에 한 번씩 선발하도록 되어 있다. 초시에 4명, 복시에 2명의 합격자를 선발하기에 인원이 매우 적었고 한학과 더불어 몽학, 청학과도 크게 다르지 않았다.

하지만 왜학에 있어 조기교육의 흔적은 두드러진 특징이었다. 1730년 영조 6년, 고(古)문서인 차첩(差帖, 하급 관원에게 내리던 임명장)의 일부분에서 5세인 동몽 현은서를 사역원 생도로 왜학 생도방에 입학시키라고 적힌 내용이 발견되었다. 또한 영조 18년 이후에는 20세가 되지 않은 어린 생도들의 입학 지연 청원서 및 한학으로 전학을 요청하는 문서가 남아있다. 당시 현씨 가문은 한학 역관들이 많았고 동몽 현은서도 영향을 받은 것으로 추정된다. 이로써 왜란 이후 조선은 조기교육을 통해 일찍이 외교 관계 발전을 도모하려는 경향이 있다고 볼 수 있다.

이처럼 역관 선발에 있어 교육 정책이 체계적임을 알 수 있었다. 지정학적인 특징 때문에 한어, 몽어, 여진어, 일본어 등 다수의 언어를 습득하려는 노력이 필요했다. 해를 거듭하며 외교에 있어 필요한 게 무엇인지 경험한 역관들은 시험 방식을 바꾸기 시작했다. 단순 암기를 통한 뜻풀이를 넘어 구술시험 과목인 강서에 비중을 두었다. 더욱이 과거에 합격했어도 녹봉의 차등 지급을 통해 동기부여를 꾀하였다.

현재 대한민국 교육에 볼멘소리가 적지 않다. 이는 20여 년 전부터 지적되어 온 것이고 이제야 꿈틀거리기 시작했다. 주먹구구식으로 외우고 시험 보는 건 더 이상 소용없다는 주장이다. 어학원에 시간을 많이 투자해도 외국인과 제대로 된 대화를 못하는 게 안타까웠을지도 모르겠다.

사역원도 사라지고 역관들도 없지만 우리는 여전히 외국어 능력을 필요로 한다. 대치동에서 높은 수강료를 받으며 학생 및 직장인을 가르치는 모 선생님과 나는 영어 교육에 대한 얘기를 나눈 적이 있다. 그는 올바르고 정확하며 실용적인 교육을 전달하려 했다. 자신이 어릴 때 힘들게 배웠던 그 영어가 정작 쓸모없음을 깨달았기 때문이라 한다. 외국에 갔을 때 열심히 외우고 연습했던 그 발음을 알아듣는 사람이 없었다며 아쉬워했다. 지난날을 반면교사로 삼은 그는 학생들에게 주어진 시간에 읽기, 쓰기, 말하기를 적절하게 연습시킨다고 한다.

최근엔 학생뿐만 아니라 유치원생들까지도 외국어 학습에 심혈을 기울이고 있다. 조기 유학을 가지 않아도 뒤쳐지지 않는 교육을 자녀에게 제공하겠다는 취지다. 더욱이 사회생활을 시작한 직장인이 어학 학원에 등록하는 건 이미 오래전부터 시작되었다. 대기업에 입사한 모 신입사원은 벌써부터 진급을 위해 고군분투하고 있다. 어학 실력에서부터 높은 등급을 받아야만 자격이 주어지니 뒤쳐질 수 없는 노릇이다.

외국어를 체계적으로 가르쳐 주는 기관이었던 사역원이 어학원이란 이름으로 부활하고 있다. 예나 지금이나 외국어 실력은 기본적인 밥벌이 수단이 된다. 역관들은 중국이나 일본에 보내는 연행사(燕行使)와 통신사(通信使)를 최고의 업이라며 가치를 두었다. 이들은 공식적인 무역과 개시장(開市場)을 관리하며 세금 징수를 허가받았기에 많은 부를 축적할 수 있었다. 이렇다보니 미천한 신분이었던 역관이 조선 시대에 접어들며 어느새 우수한 인재들이 몰리는 인기 직종이 되었다.

우리는 지금 그들과 다를까? 그렇지 않다. 외국어 공부의 목적이나 훈련 방식도 유사하다. 지금은 옛날보다 더 빨리 더 많이 더 정확하게 외국어를 습득하며 스펙을 쌓으려 한다. 이도 다 나지 않은 유아들이 영어 학원에 다니는 건 정도가 더 심해진 형태이다. 외국어 공부나 선진 교육을 경험하기 위해 기러기 아빠까지 감수하는 것은 더더욱 그렇다. 소녀시대 윤아가 중국어를 유창하게 하는 것이 이제는 이상 현상이 아니다. 예나 지금이나 외국어는 주요한 의사소통 수단이기에, 중요한 것은 효율적인 공부법을 찾는 일일 것이다.

죄와 벌

사형 제도 폐지는 찬반 토론의 소재로 자주 등장한다. 논술을 준비하는 고등학생과 입사를 위한 토론면접 스터디의 과제로도 빠지지 않는다. 대한민국은 1997년 12월 30일 이후로 사형이 집행되지 않고 있다. 폐지된 건 아니지만 사실상 금지되었음을 알 수 있다. 중국은 2년간의 유예를 두어 사형수가 모범수로 인정되면 무기징역을 살게 된다. 현재는 인권 문제로 대두되어 폐지에 의견을 모으는 국가들이 대다수다.

하지만 연쇄살인마 유영철, 여중생 살인범 김길태, 그리고 아동강간범 조두순까지 사회의 악이라 불리는 흉악범은 어떻게 받아들여야 할까? 당사자가 아니라도 입에 올리는 것 자체가 무겁고 거북하긴 마찬가지다. 특히 조두순의 출소일이 몇 년 앞으로 다가오고 있다며 언론은 벌써부터 시민들의 긴장감을 고조시키고 있다.

조선 시대, 아니 문민정부 이전까지만 해도 주먹질로 범인을 상대할 수 있었다. 하지만 흉악범은 공권력마저도 우습게 여기고 경찰까지 해한다. 이런 흉악범을 잡기 위해서는 경찰 역시도 무장을 할 수밖에 없다. 그러다 보니 범인을 잡다보면 과잉 수사라는 명목으로 오히려 담당 경찰이 고소되는 경우까지 빈번하게 일어난다.

시민의 안전을 위해 형사는 눈앞의 범인에게 공권력을 어느 정도까지 행사해도 되는 걸까? 용서할 여지가 없는 흉악 범죄는 처벌 수위를 높이는 것만이 관건일까? 이처럼 죄와 벌은 벌을 받는 사람과 주는 사람 모두에게 큰 숙제거리가 아닐 수 없다.

인권의식이 상대적으로 적었던 조선 시대는 이런 문제를 지금보다 냉정하고 가혹하게 진행했을까? 아니, 그렇지도 않다. 죄목에 따라 처벌도 달리 시행했고, 재범 방지를 위해 가혹한 형벌을 내리기도 했다.

우리는 흔히 사극을 통해 옛날 형벌들이 엽기적이거나 비인륜적일 것이라고 지레 짐작한다. 드라마나 영화에서 역사 고증을 잘못한 경우도 많다. 실제 형벌의 집행은 어느 나라보다 정교하고 신중하게 이뤄졌다. 한국학중앙연구원 심재우 교수는 자신의 저서 《네 죄를 고하여라》에서 더 이상의 오해를 막으려 했다. 특히 사극에 무분별하게 등장하는 곤장이 그렇다. 그는 조선 시대의 신체형인 '태형(笞刑)'과 '장형(杖刑)'을 곤장으로 착각해서 벌어진 일이라고 단언했다.

정조가 간행한 《흠휼전칙》(1778)에는 곤장 규격에 대한 상세한 설명이 나와 있다. 죄목에 따라 곤장의 형태가 다르지만 최소 1.5m이고 배를 젓는 노와 비슷한 모양이다. 끝 부분의 폭은 16cm이고, 두께는 3cm나 된다. 반면 태는 길이가 1m에 폭이 1cm가 채 안 되는 회초리였기에 확연한 차이가 난다.

실록에서는 1596년(선조 29년) 왜란 중 의병장 김덕령이 군법을 어긴 휘하 장수에게 곤장을 쳤다는 내용이 처음으로 등장한다. 또한 1599년(선조 32년)에는 함종 현령 홍준이 잘못된 판단으로 곤장형을 내려 관직에서 쫓겨났다고 나와 있다. 이를 보면 조선 초기에 사용된 곤장형에는 얇은 회초리 모양의 막대가 등장하는 것이 바람직하다.

조선 후기로 갈수록 곤장을 맞는 관리들의 이야기가 제법 있다. 정조 시대의 무신 이여절은 백성을 마구잡이로 곤장질한 것이 관찰사에 적발되어 징계를 받았으며, 하급 관리들의 만행에도 곤장형이 내려졌다. 매를 대신 맞아주며 돈을 버는 매품팔이가 이 시기에 대거 등장한 것은 우연이 아니다.

그렇다고 해서 아무나 곤장형을 집행할 수 있는 것은 아니었다. 곤장 중에서도 가장 두꺼운 중곤(重棍)으로 처벌을 내리는 건 최고 위직 관리들인 병조판서, 군문대장 등이 해당된다. 대곤(大棍)은 종2품 이상의 고위 관리에게 허락되었고 최소 단위인 치도곤은 포도청에서 유수, 감사, 통제사 등이 도적을 다스릴 때 사용했다. 그렇기에 사또가 곤장을 치라며 지시하는 건 법적으로 허용되지 않았다. 또한 군법을 어긴 군인을 다스릴 때 같은 소속이 아니라면 7대 이상 내리치지 못하도록 되어 있다.

엄격한 규정을 정해놓은 이유는 직권 남용을 막기 위함도 있지만, 생명의 위협을 최대한 피하려 했다. 홍대용의 《담헌서》에는 중국인을 폭행하고 도적질한 죄목으로 끌려온 두 명의 이야기가 있다. 그들은 열 대 밖에 맞지 않았지만 볼기짝 살이 터져 피가 땅에 흥건했다고 한다. 조선의 선교사 신디 제이콥(Cindy Jacobs)도 곤장을 맞아 회복하지 못해 죽어가는 사람을 보았다고 회고했었다.

'주리 틀기' 또한 조선 후기에 접어들어 도적을 다스릴 때 사용하던 형벌이었다. 명나라에서 넘어온 고문 방식으로 극형이라 쉽게 사용되지 않았다. 삼국 시대에 간혹 등장했던 사실만 남아있고 자세히 알려진 건 대략 17세기부터다. 정약용의 《흠흠신서》에는 비틀어 대는 여러 가지 방법에 대해 묘사되어 있다.

주리(周牢)에 사용되는 나무인 각곤은 길이가 90cm이고 너비가 20cm이다. 이것 세 개를 줄로 엮어 죄인의 발목에 끼우면 집행자가 당길 준비를 한다. 갑자기 줄을 잡아당기며 각곤을 젖히면 대퇴부에 이어 발목의 뼈에 금이 갈 정도의 고통이 가중된다고 한다. 각곤과 유사한 찰자라는 형벌 도구는 주로 여성에게 사용되었다. 가는 나무 막대 다섯 개를 엮어 만든 도구로서 손가락에 끼워 비틀면 곧바로 비명 소리가 나올 정도로 파급력이 대단했다고 한다.

1728년(영조 4년) 이인좌의 난으로 잡아들인 죄인들을 포도청으로 압송해 가새주리를 가했다고 한다. 가새주리는 발목을 묶어 허벅지를 좌우로 젖히는 방법으로 사극에서 주로 등장한 장면이다. 대퇴부에 집중되기에 뼈가 안쪽으로 휘어지는 고통이 가해진다. 그렇기에 아픔을 덜고자 거짓으로 자백하는 경우도 생겼다. 이후 주리를 트는 방법을 조금씩 변형해 죄를 밝히려 했으나 영조의 금지령으로 사라지고 말았다.

곤장과 주리 틀기에 비하면 사약은 예의를 갖춘 형벌이다. 우여곡절 끝에 죽음을 면치 못하는 형벌이 내려졌다면 맞아 죽기보다 사약을 택하는 게 고통이 덜하다는 관점이다. 그렇다고 해서 사약을 아무나 받을 수도 없고 선택할 수 있는 게 아니다. 사약으로 유명해진 폐비 윤씨와 장희빈을 통해 알 수 있듯이 왕명을 받들어야 한다. 사약(賜藥)은 임금이 하달하는 약이기에 고급 관료나 왕족의 처벌이 이에 해당한다. 더욱이 백성 앞에서 본보기식으로 행해지는 형벌이 아니기에 조용히 죽음을 맞게 된다.

사약에 사용된 원료가 무엇인지에 대한 의견은 여전히 분분하다. 진나라(B.C. 221~B.C. 206)에서 흔히 사용되던 독살 방법 중의 하나로 비소를 사용한 독극물이라 추측하고 있다. 최근 비소가 오랫동안 몸에 퍼져 폐암을 선고받은 환경미화원의 사례가 알려지면서 더욱 위험성이 재고되었다. 비소는 하얀색 가루인 비상의 원소로 항암 치료에도 사용되지만 실효성에 대해서는 여전히 의문을 제기하고 있다.

비상은 순식간에 인체의 기능을 마비시킨다. 하루가 채 지나기도 전에 작은 포진이 발생하고 안색이 검붉게 변하는 등 흉측한 몰골이 된다. 게다가 눈동자가 튀어나올 듯하고 입술이 부풀어 갈라지는 등 몸 전체가 조금씩 팽창한다. 외적인 아픔보다 내적인 고통으로 서서히 죽어간다. 이는 사극에서 보아왔던 사약을 마신 뒤의 반응과는 이질감이 있다.

독성이 강하더라도 사람이 가지고 있는 기본적인 내성에 따라 반응도 다르다. 을사사화에 연루된 임형수는 관직에서 쫓겨나 고향인 전라도 나주로 돌아갔지만 이내 사약을 받으라는 왕명이 내려졌다. 그는 무려 열여섯 사발을 마시고도 끄떡하지 않았다고 한다. 그 뒤 몇 사발을 더 들이켰지만 별다른 반응이 없자 목을 졸라 죽이게 했다.

앞서 열거한 형벌들에 비해 상대적으로 덜 알려진 압슬(壓膝)과 자자형(刺字刑)도 고통의 무게는 막중했다. 먼저 압슬은 무릎에 고통을 가하는 형벌로 태종 때 행해지다 조선 중기를 넘어가며 사라졌다. 주로 자백을 받아낼 때 사용하는 방법이다. 주먹만한 자갈을 바닥에 깔고서 죄인을 꿇어앉힌다. 그 뒤 큰 돌을 주위에 채워 넣어 상체만 남게 한다. 준비 단계가 끝나면 고문 집행관들이 들어와 무릎에 충격이 가도록 자근자근 밟거나 뛰어댄다.

더 큰 고통을 주려 할 때는 사금파리로 대체했다. 사기그릇에 무률을 짓이기면 얼마나 고통스러울지 상상만 해도 끔찍하다. 이에 태종은 압슬 인원에 제한을 두었다. 처음에는 두 명이고 차츰 인원을 추가하며 자백을 받아내려 했다. 후유증이 크고 불확실성에 대한 염려가 다분하기에 중죄인 외에는 압슬을 거행하지 않았다.

반면 자자형은 잦은 도둑질에 주로 사용된 형벌이다. 우리가 몸에 하는 문신을 일컫는데, 수치심을 주기 위한 목적이었다. 바늘 십여 개를 묶어 살갗을 파낸 뒤 먹물을 먹이기에 시행하는 데서 어려움은 없었다. 하지만 3일 동안 옥에 가두며 관리하는 데 적지 않은 시간을 필요로 했다. 보통 상처 난 부위에 먹을 먹인 뒤 베로 싸매는 데 그것을 지우고자 빨아내는 죄인들이 많았다.

절도범에겐 주로 '절도(竊盜)'라 하지만 훔친 물건이 소이면 '도우(盜牛)', 말이면 '도마(盜馬)' 등 행위에 가깝게 붙여졌다. 1443년(세종 25년) 실록에는 도둑질이 기승을 부리자 팔뚝에 죄목을 새기던 행위를 얼굴로 확대했다고 나와 있다. 이들은 조상의 장례에 참석하지 못했고 마을 경사에 왕래할 수 없었기에 숨죽여 지내야 했다. 인적이 드문 곳에 모여 살기도 했으나 얼굴에 찍힌 낙인으로 어디에 있더라도 손가락질을 받았다고 한다. 절도를 계속해서 저지르면 단근형(斷筋刑)을 내렸다. 쉽게 말해 아킬레스건을 끊어 거동에 불편을 주는 가혹한 벌이다. 그럼에도 범행을 멈추지 않고 재범을 거듭하면 발목의 앞쪽 힘줄마저 끊어 완전한 절름발이를 만들었다.

조선 후기로 갈수록 물리적인 힘을 강조했음을 알 수 있다. 부패가 심했기에 나온 방안이라고 생각되지만 딱딱한 규정이 많아 '시

원한' 처벌은 힘들었음을 알 수 있다.

지난 2012년에 시행된 아동·청소년의 성보호에 관한 법률, 일명 아청법을 두고 논란이 많았다. 미국과 같은 선진국에선 아동 성범죄에 대한 처벌 수위가 높은데 반해 한국은 솜방망이식이었다. 13세 미만의 아동에 대해 강간 시 무기 또는 10년 이하의 징역, 강제 추행 시에는 5년 이상의 유기 징역 또는 5000만 원 이하의 벌금 등 내용은 환영받았다. 하지만 음란물을 단순 소지만 하고 있어도 벌금을 부과하겠다고 하자 남성을 위주로 한 부정적 여론이 형성되었다. 그 뒤 조정을 거듭하며 청소년이 등장한 음란물로 범위를 좁혔다. 또한 전자발찌의 효과, 청소년 범죄와 초범에 대한 처벌 수위 등 여전히 입씨름 중인 사안들이 있다.

작은 집단이라도 질서를 필요로 한다. 질서는 사회로 나아가 규범이 되고 결국 법을 만들어 낸다. 인간이 인간을 평가하고자 했기에 허점투성이기도 하다. 흔히 규정에 얽매인다며 비아냥거리는 사람들도 막상 피해의 당사자가 되면 법부터 찾는다. 규정을 정해놓고 평가하기에 옳고 그름의 문제는 끊이질 않는다. 이를 해결하기 위해 쉽지만 잘 지켜지지 않는 방법이 하나 있다. 타인을 존중하고 배려하는 일이다. 이것이야말로 형벌 없는 사회를 만들기 위한 이상적인 선택인 듯하다.

조선의
별난 직책

"공부 잘하면 성공한다!"

어릴 적 자주 들었던 명언(?)이다. 공부에 큰 뜻이 없었던지라 어떤 목적성을 가지고 공부를 하기 보다는 시험을 위한 공부를 했었다. 그리 잘하지도 못하지도 않은 실력으로 중간인 듯 중간 아닌 그런 성적표를 받았다. 고등학교를 졸업할 때쯤, 공부만 놓고 보자면 선생님이 말한 성공과는 거리가 멀어지고 있었다.

그때는 단순히 책만 쳐다보는 게 공부인 줄 알았다. 오래 앉아 책을 쥐고 있으면 그게 공부가 되는 줄 알았던 것이다. 하지만 조선 시대에는 정말 '책'만 열심히 들여다 봐야 성공할 수 있는 사람들도 있었다.

호당

족보를 보다 보면 높은 벼슬을 지낸 문신(文臣) 중에 '호당(湖堂)'을 거친 이가 눈에 들어온다. '호당'이란, 독서당(讀書堂)의 별칭으로 1426년(세종 8년)에 학문과 덕행이 뛰어난 문신들에게 수양과 학문 연구에 전념할 수 있도록 조정에서 장소를 제공하여 설치하였다. 1493년(성종 24년)에는 용산에 두었고, 중종 때에는 지금의 옥수동 한강변 두모포(豆毛浦)에 지어 독서를 하도록 했다. 호당에는 젊고 유능한 학자들을 우대하여 사가(賜暇)를 주어 독서에 전념하게 한데서 비롯된 것으로 이를 사가독서(賜暇讀書)라고 하여 문신의 명예로 여겼으며 출셋길에도 유리하게 작용했다. 조선 시대 동안 사가독서의 혜택을 받아 호당에 입소한 문신(文臣)은 총 270여명이다.

문형

홍문관의 수장인 대제학은 정1품인 정승보다 낮은 정2품이다. 그러나 학문과 도덕성이 뛰어난 가문에서도 문제가 없는, 선별되고 검증된 사람만이 오를 수 있는 관직이었기 때문에 대제학을 배출한 가문은 이를 굉장히 큰 자랑으로 여겼고, 세상의 평도 그러했다.

그 중에서도 문형(文衡)이라는 자리가 있다. 문형은 보통은 대제학(大提學)의 별칭으로 알려져 있지만, 대제학 중에서도 홍문관 대제학(弘文館大提學), 예문관 대제학(藝文館大提學)에 성균관 대사성(成

均館大司成)이나 지성균관사(知成均館事)를 겸임해야만 문형의 칭호를 받을 수 있었다. 문형의 자리는 당대의 관학계를 대표하는 자리였기에 그야말로 최고의 영예로 여겨졌다.

문형이 되기 위해서는 첫 번째로 문과 출신으로 예문관 관원이 되기 위한 시험에 통과하거나 홍문록에 뽑혀야 했고, 다음으로는 호당을 거쳐야 했으며, 마지막으로는 반드시 예문관 응교와 양관의 제학을 역임한 사람이어야 했다. 응교와 제학 역시 자격이나 임용 규정이 매우 까다롭고 장차 문형이 될 만하다고 여겨지는 사람이 임용되었다. 뿐만 아니라 문형의 임용은 전임자가 후임자를 천거하면 이를 삼정승, 좌우찬성, 좌우참찬, 육조판서 등이 모여 권점(비밀투표)을 통해서 결정되었다. 문형이 되면 본인이 사임하지 않는 한 그 지위가 보장되었으며 죄를 짓거나 상을 당하더라도 죄가 풀리거나 상을 마친 뒤에는 다시 그 자리를 유지할 수 있었다. 조선 역사상 23명의 임금이 내린 대제학의 숫자는 총 136명이었다.

환관

환관(宦官)은 흔히 내시(內侍)라고 부른다. 아니 오히려 내시라는 말이 더 익숙하게 남아 있다. 이는 조선 건국 이후 이성계의 지지를 받은 환관 김사행이 내시부를 환관 조직으로 탈바꿈하며 의미가 혼용되었기 때문인데, 고자(鼓子)인 조건 하에 환관은 궐내의 잡무를 보았다. 고려의 내시는 환관이 아니었고, 국정에 간여할 수 있는 권한을 부여받았다. 고려 때에 김부식의 아들 김돈중, 윤관의 아들 윤언민 등 유력 가문 자제가 내시부에 속해 있었다.

동서고금을 막론하고 기원전 왕권 국가에는 늘 환관이 등장했다. 시녀와 후궁 그리고 왕비를 보호하기 위한 목적으로 성욕을 뿌리칠 수는 없었기에 결국 거세에 이르는 극단의 조치까지 취하며 환관이 정식으로 관리명부에 이름을 올리기 시작했다. 우리나라에는 826년(흥덕왕 1년) 〈신라본기〉에서 환관에 대한 기록을 처음으로 발견할 수 있다.

조선은 그들의 권한을 축소시키긴 했지만, 고려 시절 공양왕이 정한 6품 벼슬보다 한참 높은 종2품까지도 가능케 했다. 품계가 오를수록 중앙관리부, 재력가 등이 서로 내편으로 만들려는 움직임도 적지 않았는데 벽에도 귀가 있듯 환관들을 적극적으로 이용하려는 풍조가 조선 후기로 갈수록 심해졌다.

환관이 되려면 우선 그들의 양자로 들어가야 했다. 비록 어떤 차를 마실지 선택해 주거나, 서신을 전달해 주는 등 궐내의 미천한 일을 할지라도 아무나 할 수는 없었다. 어떤 가문 출신인지 세세한 기록은 없고, 대략 10세 전후에 시작했다고 알려져 있다.

명나라의 내서당(內書堂)처럼 특별한 교육기관은 없었으나 체계적으로 학문을 익히며 강론을 펼치는 장소는 있었다고 한다. 삼경을 제외한 사서, 소학과 삼강행실을 35세까지 꾸준히 배우고 매달 검증까지 받아야 했다. 시험 성적은 통, 약, 조, 불 4등급으로 나뉘었고, 우수한 성적을 거둔 환관은 품계를 올려주거나 공부를 면제해 주었다. 특히 임금의 간택을 받아야 하는 종2품은 단 2명에 불과했다. 등급제로 차츰 추려내다 보니 약 60여 명이 벼슬에 올랐고, 100여 명이 넘는 인원들은 예비 관원으로 머물러야 했다. 이들은 품계에 오른 사람이 떠나야 채워질 수 있어 우수한 성적만이 유일한 돌파구였다.

"나에게 물을 일이 없을 것입니다. 나는 방금 과녁을 쏘고 있으므로 나갈 여가가 없으니, 당신의 하는 대로 맡겨 두겠습니다. (중략) 사신이 유련하는 시일의 더디고 속한 것을 알기가 어려우니, 인정(人情)에 사용하는 물선(物膳)의 다소(多少)를 자세히 상고하여 짐작하여 시행하라."

《문종실록》 신유 7번째 기사에는 문종이 승지 박중손에게 사신이 받을 선물을 환관 엄자치와 의논하라는 대목이 나온다. 수양대군 휘하의 문신 박중손의 요청에 엄자치가 한 말에서 단호하고 권위적인 느낌이 묻어난다. 내시부를 감찰하던 승정원의 승지가 자존심이 상했을 게 분명하다. 엄자치는 2품 벼슬에 군(君) 칭호까지 얻어 어쭙잖은 문신은 대적하기조차 어려운 상대였다. 문종이 승하하며 단종을 잘 돌봐주라는 말만 하지 않았다면 비참한 최후는 맞지 않았을 것이다. 수양대군은 연로한 엄자치가 유배지 제주도에서 죽자 심복 홍달손에게 그가 살던 집을 하사하며 승자의 기분을 만끽했다.

환관은 현대사회에서는 비슷한 형태로 존재할 수 없는 직책이다. 고대 그리스에서는 포로의 성기를 자르며 우월감을 드러냈으나 지금은 인권 문제에 부딪힌다. 목소리가 얇고, 수염이 자라지 않으며 연약해 보일지 모르나 그들도 사람이었다. 욕심에 눈이 멀어 십상시처럼 부정부패를 일삼은 경우도 있었지만 우정도 알고 의리도 지키는 부류가 있었다. 그들에게 벼슬은 거세 뒤 행복을 느끼게 해주는 유일한 목적지였다. 출세욕이든 의리든 칼을 뽑았으면 무라도 썰어야 한다는 심정으로 책을 보았을 게 틀림없다.

조선 시대에는 조선 시대만의 다양한 직책이 있으며, 지금은 지금 나름대로의 특이한 공무 자리가 있다. 시대에 따라 나라에 필요한 인재상이 다르고 필요로 하는 능력도 다르지만, 그때도 지금도 다르지 않은 건 나랏일을 맡는 사람은 청렴하고 능력 있는 사람이어야 한다는 점이다.

조선의 공직자들은 책을 읽으며 인륜(人倫)을 익히고, 출셋길을 닦고, 자신의 꿈을 이루기 위해 노력했다. 역사를 본보기로 우리도 책을 가까이하면 책 속에서 나만의 길을 찾을 수 있을 것이다.

그 시절,
그 직업

직업은 시대에 맞춰 사라지기도 하고, 새로이 생기기도 하는 만큼 그 시대의 분위기나 흐름을 보려면 당시 유행하고 인기 있던 직업을 찾아보면 된다. 몇십 년 전에는 흔히 들을 수 있었던 버스 여차장의 "오라~~~이!" 소리는 이제 듣기 힘들어졌지만, 예전에는 상상할 수 없었던 워터 소믈리에(Water Sommelier, 물감정사), 큐그레이더(Q-Grader, 커피 원두 감별사), 야생 동물 재활사 등의 신종 직업들이 각광을 받기도 한다.

직업은 시대를 대변한다. 그런 의미에서 조선 시대에 존재했던 직업을 통해 그 시대의 분위기를 살펴볼까 한다. 요즘에는 '심부름 대행 업체'가 있어서 바쁜 싱글족들을 대신하여 가게에서 필요한 물건이나 음식 사다주기, 티켓 구매하기, 동물병원에 맡긴 애완동

물 데려오기 등 사람 손이 필요한 일들을 돈을 받고 대신 해주는 서비스들이 성행하고 있다. 그런데 조선 시대에도 일종의 '대행업'이 필요에 의해 생겨났다. 대신 울어 주거나, 매를 맞아주는 일들이 직업으로 등장한 것이다.

곡비

조선은 중기로 접어들면서 늘어난 인구에 대한 대책이 전무했다. 하늘보다 높은 지위를 자랑하는 양반의 수만 늘어났고 양반의 수가 많아지니 점차 그들끼리도 격을 따지기 시작했다. 덕분에 장례에서 눈물을 쥐어짜내야 했던 곡비(哭婢)의 중요성은 더욱 대두되었다.

인구 증가뿐만 아니라, 오래된 상장례(喪葬禮)의 옛 풍습도 곡비의 등장을 부추겼는데, 3년상을 지내는 동안에는 곡으로 시작해 곡으로 마무리하는 절차가 많았다. 우리가 드라마나 영화에서 자주 본 기다란 행렬 앞에 허리를 반쯤 숙이고 오열하는 사람들 말이다.

장례는 대략 19개의 절차를 소화해야 했는데 그렇기에 제사 때마다 울음을 짜내야 하는 건 너무 웃픈(?) 일이 아닐 수 없다. 먼저 상여를 지고 간 날만 생각해 보자. 한나절 동안 뒷산에 옮기고 돌아오면 죽어서도 집에 돌아오라는 의식인 반혼제를 치러야 한다. 더욱이 여인들은 장례 준비에 지쳐 심심이 힘든 상태다. 이렇다 보니 여곡비의 수요는 끊이질 않았다. 뿌리도 없는 계집종을 데려다 울게 한다고 손가락질하는 사람도 있었지만 모양새는 더없이 좋았다. 장례에 대한 인식은 변질되어 갔지만 생계의 마지노선에 있는 사람들이니 일거리를 마다할 리 없었다.

곡비는 왕실에서도 필요로 했다. 장례뿐만 아니라 왕릉 이전에도 앞장세우며 자신들의 존재를 알렸다. 1419년(세종 1년)의 실록에는 '통곡비'라 불리는 이들의 동행을 만류하고 관의 여자들로 대신할 것을 간청한 기록이 남아있다. 숙종 때는 완산 판관 한영휘가 어머니의 장례식 때 시중을 들던 기생을 곡비로 썼다 관직을 내려놓는 일도 생겼다. 조선 중기로 넘어가면서 양반의 권위가 점점 실추되었다고는 하나 녹직에선 여전히 체통을 지키고자 했음을 알 수 있다.

요즘 장례식에서는 일용직이던 곡비가 없는 대신 조직적으로 움직이는 상조회사가 대거 등장했다. 장례 도우미라는 새로운 직종도 생겨나 눈살을 찌푸렸지만 이제는 그들이 반드시 필요하다. 절차상 나누어진 등급에 따라 지불되는 금액이 다르다. 많은 돈을 낼수록 장례 분위기가 제대로 난다는 영업인들의 주장에 흑심이 가득하다. 장례비 걱정에 진짜 울어야 할 사람이 누구인지 모르겠다는 말이 과장이 아니다.

매품팔이

매품팔이는 울고 싶어도 울지 못했다. 판소리 〈흥부가〉에는 절정 부분에서 "가난이야, 가난이야, 원수 놈의 가난이야"라는 대목이 등장한다. 그들은 가만히 앉아 신세한탄이나 하기보다는 양반을 대신하여 곤장을 맞아주었다. 거들먹거리는 그들을 대신하여 벌을 받은 이유는 무엇일까? 바로 돈이다. 이보다 큰 이유는 없기에 마음이 아파진다. 조선 후기로 갈수록 곡비와 마찬가지로 매품팔이도 수요가 높아졌다.

부패한 세력에서 행해지는 관직 매매의 끝에는 매품팔이가 있었다. 왜란과 호란이 끝나고 무역이 활발해지자 재산을 축적한 상인들이 제법 등장했다. 특히 몰락한 양반이나 과거에 급제하지 못해 한이 서린 사람들에겐 더없이 좋은 기회였다. 백성들을 위한 세수(稅收) 목적이라고는 하나 자기 잇속만 챙기려는 장사꾼이 몰려든 결과였다.

2015년에 국립민속박물관에서는 '임치표(任置票)'라는 매관매직 증표가 발견되었다. 문서에 기재된 참봉이라는 직위는 말단인 종9품에 해당하지만 무려 4,250냥에 팔렸다고 적혀져 있다. 현재 시가로 계산해보면 대략 8000만 원 돈이다. 그렇게 관직에 올라가도 어깨 한 번 제대로 펴는 사람은 없었다. 뛰는 놈 위에 나는 놈 있듯이 그들은 검은 세력의 좋은 먹잇감으로 전락할 뿐이다. 상급 관리들이 행정에 대한 꼬투리를 잡으면 처벌을 면치 못했기 때문이다. 무작정 돈으로 밀고 들어온 그들은 죄목을 낮추기 위해서라도 거금의 돈을 더 내야 했다.

일부 죄목에 대해서 곤장형이 결정되면 매품팔이를 할 수 있도록 허락해 주었다. 사실 매품팔이는 조선 초기에도 있었으나 양반의 체면 때문에 빛을 발하지 못했었다. 오늘날의 보석금 제도와 같은 '속전(贖錢)'으로 죄를 면했으니 수지맞는 일이 아니었던 것이다.

결국 보석금을 충당하지 못한 하급 관리들은 매품팔이를 급하게 구해야 했다. 곤장형을 결정짓는 데도 돈이 들어갔기에 노비들의 틈새 공략은 제대로 먹혀 들어갔다. 〈흥부가〉에는 이번 일은 무려 30냥이라며 들떠있는 노비가 등장한다. 지금으로 1냥이 대략 7만 원이니 200만 원이나 되는 매력적인 일거리임에 틀림없다. 통상적으로 7대에 5냥을 받았다고 했으니 30냥의 형벌은 어마무시 했음을 알 수 있다. 하지만 볼기짝을 30대 이상 맞고 버틸 수 있는 사람은 그리 많지 않았기에 애간장을 태웠다고 한다.

오늘날에는 매품팔이 대신 미운 오리들이 등장했다. 쉽게 말해 한 명이 모두 책임지는 관행이다. 조직폭력배의 세력 다툼이나 유명 스포츠 선수 도박 사건이 사회면에 실리고 난 다음에는 누군가가 구속된다. '총대' 메는 분위기가 익숙한 한국 사회에서 흔히 마주하는 상황이다. 누군가는 나서서 죄송하다고 말해야 하고 누군가는 책임을 져야 한다. '한 명을 본보기로 희생시키자'는 논리는 사태의 본질을 흐릴 수 있을뿐더러 발본색원의 자세마저 잃게 된다. 아마 볼기짝의 수가 약해서 일지도 모른다. 30대가 아니라 300대라면 혜택이 있더라도 누군가 나쁜 일에 나서서 책임지려고 하지는 않을 것이니 말이다.

거벽

거벽(巨擘)의 등장은 너무 가슴이 아프다. 돈 때문에 일한 것이 맞지만 그들은 조선의 자존심까지 무너뜨렸다. 거벽은 과거 시험을 대신 봐 주던 사람을 말한다. 과거 시험은 사지선다형이 아닌 논술 시험이기에 그들이 대신 문장을 만들어 주고 두둑한 보수를 받았다고 전해진다. 조선 시대의 과거는 성공의 상징이었고 노력하면 무엇이든 해낼 수 있다는 희망이었다. 그것을 타락시켜버렸으니 곡비, 매품팔이와는 다르게 괘씸한 마음도 생긴다.

조선 왕조는 500여 년 동안 800여 회의 과거 시험을 치렀다고 한다. 대략 1만5000명이 합격했고 후기로 갈수록 응시자는 늘어갔다. 병역 면제에 신분 상승 기회가 유효했으니 쉽게 포기할리 없었다. 정조 때는 한양에서 치러진 과거 시험 응시생만 해도 1만 명이 넘었다. 시험 한 번 망치면 3년을 기다려야 했기에 예민해지는 건 누구나 마찬가지다. 그중에 복시를 통과한 사람은 33명에 불과했다. 감독관의 수는 점점 늘어났고 장소도 큰 곳으로 옮기는 등 관청의 노력도 무시할 수 없는 부분이다.

놀라운 건 응시생의 수와 부정행위 횟수가 비례해야 하는데 오히려 줄었다는 점이다. 관리감독의 엄격함보다 선접꾼, 거벽, 사수로 이루어진 접이라 불리는 집단이 등장해서다. 바늘구멍보다 작은 녹직의 자리를 얻기 위해서는 시험 당사자인 거자(擧子, 각종 과거 시험을 응시하던 사람) 혼자서 하기엔 무리였다. 특히 시험 문제를 나눠

주는 게 아니라 시험장 앞쪽에 비치된 현제판(懸題板)에 붙였기 때문에 자리 선점은 매우 중요한 일이었다. 그 일을 하는 사람을 선접꾼이라 불렀고 거벽 다음으로 중요하게 생각했다. 독립운동가 황현이 고종 때 집필한 역사책《매천야록》에는 접에 대한 묘사가 되어 있다. '과거가 열린다면 거벽과 사수가 어디 있는지 찾았다'는 문장에서 알 수 있듯이 뛰어난 거벽을 찾는 일은 매우 중요했다. 새벽부터 이어진 선접꾼의 자리를 맡아 두는 실랑이가 끝나면 모든 게 거벽의 손에 달린 셈이다.

암기력도 중요하지만 그들은 우선 좋은 문장을 만들어 낼 줄 알아야 했다. 사수(寫手)도 거벽이 만들어 낸 문장을 옮겨 적어야 했기에 학식이 뒷받침된 사람들이어야 했다. 일각에선 이들을 몰락한 집안의 양반 자제나 중인, 서자였을 것으로 무게를 두고 있다. 우리에게 익숙한《홍길동전》에서 알 수 있듯이 서자(첩의 자식)는 높은 관직에 오르지 못했다. 당쟁이 심해지자 과거에 합격한 이들의 신분을 밝히려고 했고 차별은 더욱 심해졌다. 하급 관리에 머물러야 한다는 사실에 분하기도 했지만 희망 없는 녹직에 정이 떨어져 점점 과거 응시를 멀리했다고 보는 이들도 있다.

현대판 거벽은 직종으로 분류될 수 없고 되어서도 안 되겠다. 2004년 수능폰 사건은 그야말로 충격이었다. 수능은 대입을 위한 가장 공정한 시험이어야 한다. 모든 이들이 당연히 그럴 것이라 생각했는데 허를 찔리게 된 경우다. 최근엔 외국어 능력 검정 시험인 토익에서 대리시험 사건이 속출했다. 수법도 교묘해 감독관을 가지고 놀 정도다. 얼굴이 달라도 서로의 사진을 찍어 합성하고 최대한 공감대를 만든다. 또한 단기간에 성적을 급격하게 올리면 오해의 소지가 있어 몇 달에 한 번씩 점수를 상향조정하기도 한다. 착수금 200만 원에 성공 보수도 따로 받는다. 현대판 거벽들은 인터넷으로 몸을 숨긴 채 마음 맞는 수험생을 찾고 있다. 글공부로 한을 풀어내려 했던 의식보다 돈만 챙기면 그만인 것이다. 사회가 아무리 부패해도 부정행위를 인정할 만큼의 아량은 없다. 그들이 적발되기를 간곡히 기다리는 사람들에게 부디 모습을 드러내지 않았으면 좋겠다.

요즘 직장 다니는 친구들에게 "너는 직업관이 뭐야?"라고 물어보면 의외로 대답하지 못하는 사람들이 많다. '직업관'에 대한 사전적 의미도 쉽게 와닿지 않는다고 한다. 취업 교육이라고 받는 것은 기계적인 수업과 진정성 없는 강의가 전부이다. 내가 이 직업을 택했을 때 어떤 가치를 만들고자 하는지 모른다면 곡비, 매품팔이, 거벽은 대물림될 수밖에 없다. 취업난이 심해질수록 확고한 직업관을 가져야 한다. 어쩔 수 없이 하게 되면 빠르던 느리던 언젠가는 그 일을 그만두게 된다.

지금은 생계를 위한 창의성을 발휘할 때다. 이색 직업이라고 해서 꼭 특이한 것만 좇을 게 아니다. 내가 어떤 재능을 가지고 있고 그것으로 무엇을 할 수 있는지 또 좋아서 계속할 수 있는지 따져봐야 한다. 이것이야말로 자신만의 창의성을 발휘하는 행위이며 직업관을 가지는 과정이다. 앞으로는 특이함을 넘어 특별한 자신만의 직업을 갖고자 욕심을 부려보자.

2장

조선의
재발견

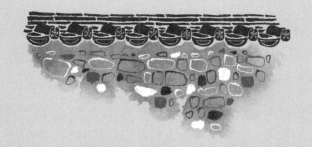

뿌리 깊은
애주(愛酒)

대한민국 법원의 판결은 술에 관대한 편이다. 누군가를 때리고 죽였다 하더라도 피의자가 만취 상태였다면 '심신미약'으로 판단하여 형량을 낮춰 주는 일이 잦은데 그 탓에 범죄자들이 형량을 감량받기 위해 이를 악용하는 경우가 많았다. 다행히 최근에는 이러한 것들에 대한 부정적인 시각과 여론에 힘입어 만취 상태의 범죄에 대해 기존 형량보다 더 높게 판결을 내리기도 한다.

대한민국은 술을 좋아하고 사랑하는 나라 중 하나다. 술을 즐기는 것으로는 세계에서도 충분히 손에 꼽힐 정도일 것이다. 대한민국은 취해 있다. 어제 오늘이 아니라, 그 오래전 조선 시대 때부터 늘 취해 있었다. 예나 지금이나 서민들은 살기 어려워 술을 마셨고, 관료들은 권력에 젖어 취해 있었다. 그렇게 술은 아주 오래전부터 우리에게 스며들어와 있었던 것이다.

조선 시대의 궁궐에서는 조회가 끝나면 왕이 신하들에게 수고했다며 술을 내려주곤 했다. 어디 신하들뿐이겠는가? 백성들은 물론, 심지어 죄수들에게 술을 하사하기도 했다. 임금과 신하가 함께 술 마시는 자리를 마련하여 한결 부드러운 분위기에서 정사를 논의하고, 백성과 신하를 아끼는 마음에서 그들의 노고를 술로 위로한 것이다.

조선 시대의 술은 '술'보다는 '음식', '약'이라는 인식이 더 강했다. 당시에는 약 대신 다양한 약주를 만들어 마실 만큼 술에 대한 의존도가 높았으며, '주식(酒食)'이라는 말을 주로 쓸 만큼 음식과 술의 경계선이 없었다.

특별히 행궁(行宮) 가까운 지방에 사는 70세 이상의 노인들에게 곡식을 내려 주고, 또 농민의 빈궁한 자와 감역인(監役人)에게도 주식(酒食)과 곡포(穀布)를 각각 차등있게 내려 주었으며, 인마(人馬)가 짓밟아 놓아 곡식을 상하게 한 것은 또한 값을 계산하여 쌀로 주고, 본현(本縣)의 거민은 매호마다 환자[還上, 환곡과 같은 말] 2석을 각각 감하게 하였다.

— 《세종실록》, 세종 23년 4월 19일

"부연(赴宴)한 사족 부녀(士族婦女)는 각각 한 작위를 더하고, 그 나머

지의 부녀(婦女)는 각각 면포(綿布) 1필(匹)을 주며, 병으로 잔치에 나
오지 못한 자는 주식(酒食)과 면포(綿布)를 주라."

-《성종실록》, 성종 21년 9월 21일

조선 시대에는 술을 밥처럼 마셔댔기 때문에 나라 법을 적용해
서라도 제재를 가해야만 했다. 술을 즐기는 것은 백성들뿐만 아니
라 고위 관료들 역시 마찬가지였기에 관료들의 지나친 음주로 조정
에 영향을 끼치는 일이 많았다. 그리고 술 취한 관료들로 인해 웃
지 못할 사건들도 일어났다. 그중에는 가벼이 넘기지 못할 사건들
도 종종 일어났기에 조정에서는 금주령을 통해 경고를 주기도 하였
다. 또한 지금의 국민 술인 소주는 고구마와 사탕수수 등을 이용해
만든 에틸알코올에 물과 감미료를 희석하여 만들지만, 당시 술의
원재료는 곡식인 쌀이었기 때문에 흉작이 들어 기근이 생기면 종종
금주령을 내려 곡식을 비축해야 했다.

이날 헌사(憲司)에서 상소하였다.
"그윽이 생각하옵건대, 옛날 성제(聖帝)와 명왕(明王)이 제도를 만들
고 법을 세울 때, 준작(尊爵)과 조두(俎豆)를 만들어서 그릇으로 삼고,
금석(金石)과 실과 대나무로 악기를 만들어서 종묘 및 교외의 제사와
조정의 연향에 쓰고, 향연(享燕)하는 예(禮)와 잔을 드리는 의식이 왕
공(王公) 이하로 각각 등급이 있어 서로 참람한 한도를 넘지 못하게
한 것은, 대개 상하를 분별하고 백성들의 뜻을 안정시키는 것입니다.

(중략) 한(漢)나라·위(魏)나라 이후로는 세상이 한 대를 내려갈 적마다 쇠해져서, 선왕의 제도를 지켜 화란(禍亂)의 근원을 막아내지 못하고, 한 번 수재(水災)·한재(旱災)나 상재(霜災)·충재(蟲災)를 만나면 술 마시는 것을 금하여 곡식을 저축하려 하니, 이것은 술을 금하는 중등의 방법이며, 혹은 재용(財用)이 부족할까 하여 개인의 양조(釀造)를 금하고 관원을 두어서 전매(專賣)하여 그 이익을 취하니, 이것은 술을 금하는 최하의 방법입니다.

삼가 생각하옵건대, 주상 전하께서 예악(禮樂)을 제정함에 있어서 삼대(三代)의 성시(盛時)를 본뜨고 있으나, 금주령 하나만은 어찌 풍속에 구애하여 고치지 아니하옵니까? (중략) 그 손실은 더할 나위가 없을 정도에 이르니, 심한 자는 한 번에 두어 말의 술을 마시고 여러 날 동안 정신없이 취하여 시간을 모르고 일을 폐하는 데에 이릅니다.

원하옵건대, 지금부터의 종묘의 제사와 임금과 신하의 연회와 사신(使臣)의 영송(迎送) 이외에는, 신하들은 관직의 고하를 막론하고 여러 사람이 모여서 함부로 술을 마시는 것을 금하여 사무를 폐하는 일이 없게 하고, 공상(工商)·천례(賤隷)들도 떼를 지어 술을 마시는 것을 금하여 본성을 잃고 재화를 부르는 원인을 제거하고, 만약 범하는 자가 있으면 죄를 다스려서 크게 징계하되, 기한을 정하지 말고 영구한 법령으로 삼으소서."

– 《태조실록》, 태조 4년 4월 25일

조선이 건국되고 기강을 바로잡기 위해 헌사(사헌부)에서 올린 상소문이다. 태조는 사신이 방문하자 금주령을 해제하는 융통성을 두었지만, 신하의 의견에 대부분 수긍하였다.

조선의 왕들은 금주령을 통해 기강을 바로잡고, 백성의 기근을 해결하려 했지만, 이러한 금주령에도 예외의 조항을 적용해 여전히 술을 마셔댔기 때문에 금주령 자체가 제대로 시행되지는 않았다. 임금이 베푸는 연회나 종묘 등의 국가 제사를 지낼 때, 외국 사신의 접대 때는 예외로 한다거나, 늙고 병들어 약으로 먹는 경우, 친지를 영접하고 환송하는 경우, 과거 합격자의 유가 시 등 다양한 예외 조건을 핑계 삼아 술을 마셔댔던 것이다.

조선 왕조에서 가장 술을 싫어했던 왕을 꼽으라면 바로 세종이다. 그는 주량 역시 상당히 약했다고 하는데, 세자 시절부터 왕이 된 이후에도 부왕인 태종과 신하들이 권하는 술에 잦은 곤욕을 치렀다고 한다. 그래서 그런지 조선 왕조에서 특히 세종이 가장 적극적으로 술을 경계하도록 했다. 원래 자신이 술을 마시지 않는 자는 술에 엄격한 편이며, 자신이 술을 좋아하는 경우에는 관대한 법이지 않은가!

반대로 조선 왕조에서 으뜸가는 호주가가 있다. 대표적인 호주가로는 태종, 세조, 영조를 들 수 있는데, 그들은 술을 자주 마시기도 했지만 주량도 강했다. 이중에서도 영조는 단연 최고의 호주가라고 할 수 있는데, 영조는 술을 멀리하라는 신하들의 잔소리가 끊이지 않을 만큼 술을 좋아했다고 한다. 영조는 하반신 관절이 약했는데 여기에 송절주(松節酒)가 효험이 있었다. 실록에 나오는 '송절다(松節茶)'가 바로 영조가 즐겨 마셨다는 송절주이다.

"을해년의 금주령(禁酒令)은 이에 조선(朝鮮)을 위한 고심(苦心)에서 나온 것인데, 내가 덕이 없어 아래에 행하지 못하고 막중한 태실(太室)에 예주(醴酒)를 쓰니, 내 뜻은 실로 종국(宗國)을 위한 것이었으나 마음이 매우 죄송스러웠다. 더군다나 작년 봄·여름 이후에는 송절다(松節茶)를 복용하고 지금까지 걸어 다닐 수가 있으니, 참으로 선조의 영혼(靈魂)께서 내려 주신 바이다. 이런데도 태실에 예주(醴酒)를 써서 고례(古禮)를 회복하지 않는다면, 이는 불효(不孝)이다. 오늘 특별히 대신(大臣)을 불러서 밤새도록 문난(問難)하여 늦은 후에야 크게 깨달았다. 오제(五齊)의 예(醴)는 예주(醴酒)의 '예(醴)'자와 글자는 같으나 뜻은 같지 않다. 생각이 이에 미치니, 어찌 감히 날짜를 넘기겠는가? 먼저 태상시(太常寺)에 명하여 미리 준비해 내달 초 길일(吉日)에는 종묘사직에 옛 것을 회복하는 것을 고유(告由)하는 일로 예조에 분부하라."

　　　　　　　　　　　　－《영조실록》, 영조 43년 1월 15일

3월이 되면 뉴스를 통해 대학교 신입생 환영회에서 과도한 음주로 사망한 사건을 종종 보게 되는데, 조선 시대에도 폭음으로 사망한 일이 많았다. 세종 때의 이조판서 홍여방이 동료 판서들과 함께 술을 마시다가 과음하여 이튿날 갑자기 사망한 일이 있으며, 조선

62

후기 효종 때는 병조판서가 매일같이 과음을 즐기다가 급사한 일도 있었다. 개국 직후 공신으로 오랜 시간 도승지를 재임한 박석명은 술병이 들어 36세에 요절하였으며, 성종 때의 홍문관 부제학을 지낸 최경지도 술병으로 어느 날 갑자기 사망하였다.

관료들뿐만 아니라, 왕자들도 술 바다에 빠져 목숨을 잃은 경우가 많았다. 조선을 건국한 이성계의 맏아들 이방우를 비롯하여 세종의 서자인 이관, 이공, 이증 등이 술로 요절하고 말았다. 일국의 왕자들이 다른 것도 아닌 단지 술 때문에 허무하게 목숨을 잃은 것이다.

조선 시대는 술과 항상 함께 했다. 그러나 모두가 그랬던 것은 아니다. 술을 멀리하고 싫어한 이들도 있었다.

단종 때의 재상 최부는 음주와 장기, 바둑을 좋아하지 않았고, 같은 시기에 예문관 대제학이었던 윤형 역시 술과 음악, 여색을 즐기지 않았다. 그는 술을 마시는 사람들을 보면 늘 "이름을 더럽히고 일을 망치는 것으로 술보다 심한 것은 없다"고 말하며 스스로 음주를 경계하였다.

세조 때 의정부 좌참찬을 지닌 박중손 또한 스스로 계주명(戒酒名)을 지어 자신을 경계하기도 하였으며, 세조 6년에 중추원사로 있다가 죽은 기건은 지방 수령으로 부임했을 때 백성들이 겪는 삶의 고통을 직접 보고는 술을 마시지 않았다고 한다.

술은 오랜 시간 우리의 역사와 함께 해왔다. 술이 기회를 만들었고, 술이 실패하게 했으며, 술이 통하게 만들었으며, 술이 죽음에 이르게 하였다. 술이 역사를 만들고, 술이 역사에 남지 못하게 한 것이다. 그리고 지금도 술은 각종 성공과 부패에 늘 함께하고 있다. 1000년 가까이 지나온 지금까지도 말이다. 그리고 앞으로의 1000년에도 술은 그 자리를 지키고 있을 지도 모르겠다.

하지만 우리는 알고 있다. 역사를 통해 앞으로 술을 대하게 될 우리의 바람직한 자세를 말이다.

영국의 성직자이자 역사가였던 토마스 풀러는 이런 말을 했다.

"바다에 빠져 죽은 사람보다 술에 빠져 죽은 사람이 더 많다."

과유불급! 술을 떠올릴 때면 항상 이 말도 함께 떠올리자. 술이 좋은 친구로 남을 수 있도록!

총탄 없는 전쟁,
부부싸움

'싸우면서 정이 든다', '미운 정, 고운 정이 든다'는 말은 부부에게 가장 잘 어울리는 말이 아닐까 한다. 결혼을 한 사람이나 해본 적이 있는 사람이라면 잘 알 것이다. 결혼 생활은 현실이라는 것을 말이다.

결혼한 부부가 평생 싸우지 않는다는 것이 과연 가능하기나 한 것인지 의문이 생길만큼 부부싸움은 특이한 현상이 아니다. 싸운다는 게 꼭 주먹다짐을 하는 것만을 지칭하는 건 아니니 말이다. 그만큼 부부생활은 오해와 이해의 순환 생활이기도 하다.

그렇다면 조선 시대에는 어땠을까? 남존여비의 사상이 강했던 조선 시대는 과연 부부싸움이 없었을까? 방식이나 정도의 차이는 있겠지만 사람이 사는 것에는 기본적으로 동일성이라는 게 있기 때문에 조선 시대에도 분명 부부싸움은 있었다. 그때나 지금이나 크게 다를 바 없었다는 것이다.

그래도 드라마나 영화를 통해 접한 양반들을 떠올려 보면 나름 지배 계층답게 점잖게 부부싸움을 하진 않았을까? 부부싸움에 양반, 노비가 어딨겠는가? 양반이라도 부부싸움을 할 때는 육박전마저 마다하지 않았다. 양반도 아내와 대판 싸우고 나면 갓과 옷이 다 찢어질 정도로 험악하게 부부싸움을 했었다. 그나마 그 중에서도 양반(?)인 선조 때 학자였던 오희문(吳希文)은 부부싸움을 하면 며칠 동안 서로 말을 하지 않는 것으로 무력시위를 했다고 한다. 하지만 며칠 동안 말을 하지 않는 것이 원인이 되어 또 싸웠다고 한다.

양반이 이 정도이니 일반 평민들은 더하면 더 했지 결코 덜하지 않았다. 서로 주먹질, 발길질도 마다하지 않으며 싸워 댔다. 심지어 싸우다 서로를 죽이는 경우도 있을 정도였다.

정조 때의 판례를 하나 들여다보자.

황해도 신계에 사는 박춘복이라는 자가 집에 양식이 떨어지자 아내가 남편에게 주변머리 없는 사내라고 바가지를 긁어댔다. 이에 술에 취한 박춘복이 발길로 아내를 걷어차서 아내를 죽게 만들었다.

본래 배우자를 죽인 자는 사형에 처하는 게 마땅했다. 허나 정조는 사형이 아니라 유배를 보내며 이렇게 말했다.

"원래 쌍놈 부부는 툭하면 치고받고 싸우고 저녁에는 주먹질까지도 하다가도 이튿날이면 헤헤거리는 일이 다반사이지 않은가. 그런데 이런 일로 과실치사에 사형까지 주는 것은 지나치지 아니하겠는가?"

당시 조선에서는 아내를 죽인 남편을 이런 저런 이유로 감형을 해주는 것이 다반사였다. 사회적인 분위기나 당시의 남녀 차별적인 시선 때문에 여성이 손해를 보는 경우가 분명 많았다.

하지만 그렇다고 해서 모든 여성이 차별에 순종하는 것은 아니었다. 조선 시대에도 무서운 아내, 두려운 아내는 존재했다. 중종 때의 문신이었던 허지(許芝)의 아내 유씨는 악처로서 유명한 인물인데 당시 사헌부의 조사에 의하면 유씨는 질투심이 많고 자주 남편에게 욕을 하며 죽기 살기로 달려들어 때리는데 도저히 당해낼 재간이 없다고 하였다. 또한 그녀는 남편을 증오하여 볏짚으로 만든 인형에 남편의 이름인 '허지'라는 글자를 써 붙이고는 팔다리와 몸뚱이를 끊어 놓는 등의 저주까지 일삼았는데 심지어는 남편이 사신으로 사행 길에 나설 때면 종들을 문밖에서 곡을 하라고 시켜 남편이 죽어 발상하는 흉내까지 내었다고 한다.

그녀의 남편에 대한 분노는 이 정도에 그치지 않았다. 과거 시험의 감독관으로 나오라는 어명이 적혀있는 명패를 감추고 남편에게 알리지 않아 처벌을 받게 하려 한 적도 있으며, 남편이 파주목사로 파견 나갈 때는 계집종에게 남장 차림을 시켜 지나가는 사람에게 거짓말을 하여 남편을 탐관오리로 몰려고도 하였다. 이웃집 수탉이

암탉을 쫓아 담장을 넘어오면 닭을 붙잡아 허지 같은 놈이라며 사지를 찢어 죽였다고도 한다.

그녀가 남편 허지에게 왜 분노하고 저주하게 되었는지 그 원인은 정확히 드러나 있지 않다. 이것 역시 남존여비의 사상이 팽배했던 것을 잘 보여주는 대목이다. 그녀가 이렇게 된 이유는 기록하지 않고, 그녀의 악행에 대해서만 기록하여 시대의 악처였음을 알리는 것이다. 모든 일에 원인 없는 결과가 없듯이 그녀가 그렇게 된 정확한 이유는 몰라도 분명 그 원인은 허지에게 있었을 것이다.

또 다른 부부를 들여다보자. 중종 때의 신수린은 부인인 성씨 집안 덕분에 출세하게 되었다. 그 때문인지 성씨 부인은 종종 남편을 무시하고 업신여겼는데 그 와중에 신수린이 계집종에게 한눈을 팔다가 부인 성씨에게 걸리게 된다. 이에 분노한 성씨 부인은 계집종의 입술과 이를 돌로 짓이겨버리고 인두로 지져 죽였다. 그리고 시체를 거적으로 말아 남편에게 보여 주었다.

조선 시대에는 살인 사건이더라도 주인이 종을 죽인 경우는 그리 대수롭지 않게 여겼다. 허나 평소 성씨가 자신의 어머니와 함께 남편을 업신여기고 심하게 투기를 부린다는 소문이 이미 나있던 지라 조정에서는 이 일을 가벼이 여기지 않았다. 조정에서는 성씨에게 속옷만 입히고 장 60대를 치는 처벌을 받게 하였으니 이는 양반 가문의 부녀자로서는 조선 최초로 볼기를 맞은 사건이었다. 물론 이후 신수린도 집안을 다스리지 못한 죄로 파직을 당했다.

대한민국은 많은 찬반 논란에도 불구하고 2015년 2월 26일에 헌법재판소에서 간통죄를 폐지시켰다. 많은 비난이 있었지만 한 사람의 사적 행위에 국가가 개입해서는 안 된다는 취지로 간통죄를 폐지한 것이다.

조선 시대에 이러한 간통죄가 있었을까? 조선 시대에는 유독 여성에게만 간통죄가 엄중히 물어졌다. 조선 시대의 여인들은 간통을 하다 걸리면 대부분 사형에 처해졌기 때문이다. 오로지 여성의 정조를 강조했던 사회였기 때문에 불평등하고, 불공정한 판결이 이루어졌던 시대였다.

조선 시대의 기생이자 시인이었던 유감동은 양반 출신의 부녀자였으나 남편에게 버림을 받고 난 뒤에 무려 40여 명과 간통을 했다. 결국 그녀는 곤장을 맞고 노비로 내쳐졌다. 성종 때의 어우동은 왕실의 종친들과 간통을 하다가 결국 교수형을 당하게 되었다.

조선 시대의 부부싸움 관련 이야기는 끝이 없다. 그것이 양반 중심으로 기록된 것을 감안하면 일반 평민들이나 노비들의 부부싸움은 일상생활이었던 것으로 짐작할 수 있다. 언제의 누구라 하더라도 사람이 살아가는 것은 비슷하고, 살아가는 방식은 그리 다르지 않음을 충분히 알 수 있다.

조선 시대의 극단적인 부부싸움에 대해서 이야기했지만, 그보다 애틋한 부부애에 대한 이야기가 더 많은 것이 사실이다. 진실로 아내를 아끼고 사랑하고, 진심으로 남편을 존경하고 따르는 부부가 더 많았다는 것이다.

부부싸움은 그리 부정적인 것만은 아니라 말하고 싶다. 크고 작은 싸움으로 인해 서로가 서로를 더 이해하고 알아가는 것이며, 그 과정에서 더 굳건해지기 때문이다. 그런 과정이 있기에 비로소 무엇으로도 갈라놓을 수 없는 단단한 관계가 되는 것이다. 비가 온 뒤 땅이 굳듯이 말이다.

그 오래전 조선 시대에도, 지금의 우리도 그렇게 누군가를 만나고 누군가와 평생을 함께 하는 것이다. 아무리 시간이 흘러도 부부가 사랑하고, 함께 한다는 건 같은 마음을 필요로 하는 것일 테니 말이다.

조선의
비선 실세

2016년 하반기, 한반도는 전 국민의 절망과 분노로 들끓었다. 박근혜 전 대통령의 비선 실세 최순실의 국정 농단 사건이 만천하에 드러나면서 전 국민이 분노했고 허망해했다. 혹자는 이를 두고 '한국판 라스푸틴'이라고 말하기도 하였다. 라스푸틴은 제정 러시아 정교회 이단 종파의 수도승으로 러시아 황제 니콜라이 2세와 황후 알렉산드라의 마음을 사로잡아 비선 실세로 국정을 농락한 인물이다. 또한, 누군가는 최순실을 가리켜 '진령군(眞靈君)'이라고도 하는데, 그는 바로 조선 시대 고종 때의 비선 실세였던 무당 박창렬이다.

진령군이 고종 시대의 비선 실세가 될 수 있었던 배경은 이랬다. 1882년, 임오군란이 발생했다. 차별에 분노한 군인들은 명성황후를 죽이기 위해 경복궁으로 쳐들어갔는데, 이때 명성황후는 상궁으로 위장하여 시위 무관 홍계훈의 등에 업혀 탈출했다. 궁을 벗어난 중전은 장호원으로 도망갔고 이때 얼마 지나지 않아 한 무녀(巫女)가 그녀를 찾아왔다. 무녀는 꿈에 신령님이 나타나 중전이 장호원에 있다고 알려 주어 찾아왔다고 하였다. 이에 놀란 명성황후가 무녀에게 언제쯤 궁궐로 돌아갈 수 있겠는지를 물었고, 무녀는 몇 달 후에 돌아가게 될 것이라 예언했다.

무녀의 예언이 적중하자 명성황후는 그녀를 궁으로 데리고 돌아갔다. 이후로도 중전이 질병을 앓고 있을 때 무녀가 손으로 아픈 곳을 어루만지면 증세가 사라지고, 굿을 해주면 시름이 사라지는 등의 효험이 있자 중전은 무녀를 완전히 총애하여 무녀의 말이라면 무엇이든지 듣기 시작했다. 이때 무녀를 왕자급 작위인 '진령군'으로 봉하게 된 것이다. 이는 무녀가 봉군을 받은 조선 최초의 사건이었다.

기세를 떨치던 무녀는 어느 날 갑자기 자신을 관우 딸이라고 하며 관우 사당인 관왕묘(關王廟)를 건립하자고 했다. 이에 중전은 바로 관왕묘를 지었다. 진령군은 관우 복장을 하고 다니며 자신을 신비화했고, 국정에도 간여하기 시작했다. 그녀의 말에 따라 관리와 장수들이 하루아침에 임명되거나 파직되곤 하였다. 이 입김으로 진령군의 아들인 김창렬 역시 조정 대관들과 같은 반열에 올라 조정의 숨은 실세 역할을 하였는데 조정 고위 관리들은 이를 규탄하기보다는 진령군과 남매를 맺거나, 의자(義子)가 되기도 하는 등 그들에게 아부를 떨며 가까이 하려 애썼다. 고종 역시 진령군에게 현혹

되어 북묘(관왕묘) 완성 이후 비문을 몸소 지었다고 《승정원일기》에
실려 있다.

진령군에 필적하는 또 다른 비선 실세도 있다. 연산군 때의 장녹
수는 가무에 능해 기생으로 궁에 들어가 연산군의 눈에 들어 후궁
이 되었다. 《연산군일기》에 의하면 왕이 장녹수가 말하는 것은 모
두 좇았고, 금은주옥을 다 주어 기쁘게 하고, 노비며 전답을 셀 수
없이 많이 내렸다고 기록하였다. 상주고 벌주는 일이 모두 그녀의
입에 달렸다고 할 정도이니, 연산군의 비선 실세로 국정에 관여하
여 나랏일을 좌지우지한 존재이다.

광해군의 비선 실세였던 상궁 김개시는 선조의 사랑을 받은 궁
인임과 동시에 광해군이 세자였던 시절부터 그를 물심양면 도와준
인물이기도 하였다. 김개시는 공식적으로는 궁궐 안의 상궁에 불
과하였지만 비공식적인 위치와 자격은 아무도 건드릴 수 없는 힘
을 가진 비선 실세였다. 뇌물을 받고 벼슬을 팔았고, 대궐 안의 모
든 일이 그의 손에서 한결같이 결정되었다고 《연려실기술》에 기록
되어 있다. 당시 최고 권력의 중심이었던 예조 판서 이이첨마저도
그녀를 함부로 할 수 없었던 것만 봐도 그녀의 존재감을 충분히 짐
작할 수 있다.

장녹수는 중종반정 때 연산군을 방탕에 빠뜨린 죄를 물어 참형에
처해졌다. 김개시는 광해군을 폐위하고 인조를 옹립한 반정군(反正
軍)의 칼에 베어지며 비극적인 최후를 맞았다.

또 다른 조선의 비선 실세로는 정난정을 꼽을 수 있다. 그녀는 명종의 외숙부 윤원형의 첩으로 문정왕후의 신임을 얻어 궁궐을 자유로이 출입하였다. 윤원형 일파가 정권을 잡을 수 있도록 을사사화에 개입하는 등 정치적으로 조정을 흔들 뿐만 아니라, 문정왕후의 후원에 힘입어 이권 사업으로 많은 부를 축적하였다. 윤원형의 본처 김씨를 독살한 후, 정실이 되고 정경부인의 작호까지 받았다. 그러나 문정왕후가 죽은 뒤 남편 윤원형이 유배를 가고 김씨 부인을 독살했다는 죄가 드러나자 자살로 생을 마감하였다.

이들 말고도 조선에는 수많은 비선 실세들이 있었다. 종친 중에는 인조의 손자들로 '삼복(三福)'이라 불렸던 복창군(福昌君) 이정(李楨), 복선군(福善君) 이남(李枏), 복평군(福平君) 이연(李㮒) 삼형제가 있었다. 이들은 큰아버지인 효종으로부터 총애를 받아 사촌 지간인 현종과도 어릴 적부터 함께 지내며 성장하여 매우 친밀하였고, 비선 실세로 거리낄 것 없이 행동하였다. 경기 지방의 산골짜기에 사냥을 나가 마을에 폐를 끼치고 사냥개의 먹이까지 백성들에게 마련하도록 책임지우는 등 삼복 형제들은 사냥과 유흥을 즐기며, 무도하게 처신하여 지탄을 받았다.

진령군, 장녹수, 김개시, 정난정, 삼복 형제. 이들은 모두 비선 실세로 한때 그 위세가 만천하에 전해질 정도였지만, 결국 그들의 결말은 허망하고 비극적이었다. 잘못된 권력욕과 사욕으로 세상을 어지럽힌 대가를 톡톡히 치른 것이다.

과거에도 지금도 권력을 쥐기 위해 온갖 모략과 술수가 오간다. 그 와중에는 집권자 뒤에 숨어 권력을 움직이는 실세들이 존재했다. 그리고 그들로 인해 많은 이들이 희생을 당하고 피해를 입었다. 국가의 시스템이 엉망이 되기도 하였으며, 나라 자체가 흔들리기도 하였다. 그럼에도 우리는 무너지지 않았다. 그들이 뒤로 숨어들수록 우리는 앞에 나서서 바로 잡았으며, 그들이 술수를 쓸수록 우리는 정도를 걸어 나갔다.

어쩌면 앞으로도 이러한 비선 실세가 다시 등장할지 모른다. 아니, 반드시 등장할 것이다. 그럴 때는 과거에 겪어 보았고, 현재의 우리가 해냈듯이 싸울 것이고 또 이겨나갈 것이다. 우리에게 평등하게 주어진 자유와 권리로 말이다. 우리는 과거와 현재를 통해서 충분히 그렇게 되어야 하고, 그렇게 할 수 있음을 알고 있다.

요섹남의
원조

휴대폰이 스마트폰으로 거듭나면서 수많은 종류의 미디어가 쏟아져 나오기 시작했다. 그리고 1인 미디어(1인 방송)가 유행이 되면서 인기를 끌게 된 방송 분야가 생겼는데, 그 분야가 바로 먹방 즉, 먹는 방송이다.

삭막해져가는 시대를 대변하는 걸까? 혼자 밥을 먹는 사람들이 늘어남에 따라 먹는 방송의 수요도 급격히 늘어나기 시작했으며, 어느새 인기 방송으로 자리 잡아 이제는 공중파, 종편 채널에서도 음식에 관한 프로그램이 넘쳐나기 시작했다. 이러한 현상은 곧 요리를 잘하는 것이 매력적으로 어필할 수 있는 부분으로 자리 잡게 만들었으며, 요리를 잘하는 섹시한 남자라는 뜻의 '요섹남'이라는 신조어까지 등장하게 만들었다.

오랜 시간 유교 사상이 뿌리 깊게 박혀 있어 남자가 주방에 들어가선 안 된다던 고리타분한 가부장적인 형태를 벗어나 이제 '요리 = 남자'의 개념으로 이어져가고 있는 것이다. 세계화와 다문화가 자연스러워진 21세기에 이러한 현상은 그리 이상하거나 어색할 게 없어 보인다. 오히려 아직까지 가부장적인 태도를 보이며 요리는 여성의 분야로 취급하는 사람이 있다면, 그 사람이 시대착오적인 사상에 갇힌 꼰대로 취급 당할 뿐이다.

만약 수백 년 전으로 돌아가 조선 시대였다면 지금의 현상을 어떻게 볼 수 있을까? 신분 사회였으며 유교 사상이 강하여 여성들의 차별이 심했던 바로 그 조선에서 말이다. 남자가 주방에 들어가고, 요리를 하는 모습을 상상할 수 있는가? 조선을 배경으로 한 사극 드라마나 영화에서도 남자가 요리하는 모습은 찾아보기 어려울 만큼 당시 시대에서는 상상하기 힘든 모습이기 때문이다.

그.러.나.

조선에도 있었다! 지금 우리가 말하는 바로 그 '요섹남'이 조선에도 있었다. 남자는 부엌 근처에도 얼씬거리지 못하게 했던 가부장적인 그 조선에 말이다. 우리가 머릿속으로 알고 있는 것과는 달리 의외로 조선 시대에도 요섹남은 은근히 많았다.

아직도 요리가 여성의 전유물이라고 여기는 고루한 생각에 갇혀 사는 이는 없을 것이라 믿는다. 요리사라는 직업의 성별 비율을 따져보면 오히려 남성의 비율이 더 높다는 것은 잘 아는 사실이다. 그렇다면 조선 시대 수라간의 요리를 책임졌던 것 역시 남성이었다는 것을 알고 있는가? 물론 여성이 없었던 것은 아니었지만, 일이 너무 힘들어 여성보다 남성이 주로 요리를 담당했다.

수라간은 왕의 음식을 담당했던 곳이기 때문에 한 사람이 요리를 하는 것이 아니라, 파트별로 나눠 수많은 사람들이 일사천리로 움직여 음식을 만들었다. 고기 요리 전문가, 찜 요리 전문가, 채소 요리 전문가 등. 다양한 파트를 각각 도맡아 요리를 만들었다. 우리가 흔히 드라마에서 보던 수라간 나인, 기미상궁, 수라상궁은 존재했지만, 전문 요리는 모두 남자 요리사가 맡았던 것이다.

이는 왕이 드실 음식인 만큼 까다로운 식자재와 요리법을 통해 음식을 내놓아야 했고, 당시에는 모두 재래식 조리 도구를 사용하여 음식을 만들어야 했기 때문에 여성의 몸으로는 체력적으로 이를 감당하기 힘들었다. 또한, 왕이 음식을 드시고 싶다고 할 때는 언제든지 음식을 만들어 대령할 수 있도록 24시간 대기해야 했으며, 쉬는 날에도 사대부 집안의 행사에 불려가야 하는 일이 다반사였기 때문에 여간 힘든 자리가 아닐 수 없었다.

쉬는 날이 거의 없다시피 하니 일이 너무 고되 결근하는 일도 종종 발생하였으며, 《중종실록》에는 '일이 너무 힘들어 모두 피하니 아무도 지원하지 않을 것 같다'는 대목이 나올 정도니 얼마나 힘든지 가히 짐작할 만하다.

수라간에서 궁중 요리를 해오던 요리사들은 대부분 노비 출신이었다. 물론 이들에게 책임감을 주기 위해서 벼슬을 내려 대전과 왕비전의 수라간을 책임진 주방장에게는 종6품의 벼슬까지 내리기도 했지만 그 외의 사람들은 대다수가 노비였던 것이다. 그렇다면 수라간에서 요리를 해야 하는 직업적인 남자 요리사 말고 양반층에서 취미로 요리를 하는 남자는 없었을까? 물론 있었다. 음식에 관심을 가지고 요리를 즐겨 했으며, 요리를 연구했던 양반들도 있었던 것이다. 그중 음식을 사랑하고 연구했던 학자이자 가장 대표적인 조선 시대의 요섹남 풍석 서유구 선생을 소개하고자 한다.

조선 후기의 실학자였던 풍석 서유구 선생은 벼슬에서 물러나고 나서 18년간 아들 서우보의 도움을 받아 113권 52책 250만자에 이르는 조선의 농업과 일상생활 경제학의 집대성이라 불리는 《임원경제지》를 편찬하였다. 그리고 그중에는 〈정조지〉라 하는 7권에 달하는 식자재와 요리법에 관한 부분이 기록되어 있다. 그는 학자의 위치에 있으면서도 요리에 큰 관심이 있어 어떤 재료가 어떤 조리 과정을 거쳐 음식으로 나오는 지에 대해 연구하기 시작했다. 음식이 농사의 최종 목적이라 여긴 그는 남자, 특히 양반과는 거리가 먼 요리를 학문의 영역으로까지 끌어올렸던 것이다. 일반 서민들에게는 학문보다 먹는 것이 최우선이라 여겼던 그의 열린 생각이 있었기에 가능한 일이었다.

그는 직접 농사를 지을 정도로 식재료에 대한 연구에 많은 열정을 보였는데, 1834년 전라 감사로 있을 때는 구황 작물인 고구마를 널리 보급하여 흉년을 당한 농민을 구휼하기 위해 애썼다. 또한, 강필리(姜必履)의 《감저보》, 김장순(金長淳)의 《감저신보》, 중국 · 일본의 관계 농서를 참고한 《종저보》를 편찬하여 보급하기도 했다. 어렵고 구하기 힘든 식자재가 아니라, 흔하고 구하기 쉬운 것으로 다양하고 영양가 높은 음식을 만드는 방법을 연구하고 서민들에게 보급함으로써 조금이나마 백성들의 삶이 나아지기를 진심으로 바란 것이다. 그의 진심은 지금까지도 전해져 오고 있어 오늘날까지 요리사들에게 많은 도움을 주고 있다.

조선 시대의 요리에서 또 빼놓을 수 없는 이가 바로 《목민심서》의 주인공인 다산 정약용 선생이다. 정약용 선생은 개고기 애호가로도 유명한데, 그의 형 약전이 유배 중일 때 그가 보낸 편지 내용만 봐도 그가 얼마나 개고기를 즐겼는지 잘 알 수 있다.

보내 주신 편지에서 짐승의 고기는 도무지 먹지 못하고 있다고 하셨는데, 이것이 어찌 생명을 연장할 수 있는 도(道)라 하겠습니까. 도중(島中)에 산개(山犬)가 천 마리 백 마리뿐이 아닐 텐데, 제가 거기에 있다면 5일에 한 마리씩 삶는 것을 결코 빠뜨리지 않겠습니다. 도중에 활이나 화살, 총이나 탄환이 없다고 해도 그물이나 덫을 설치할 수야 없겠습니까. 이곳에 어떤 사람이 하나 있는데, 개 잡는 기술이 뛰어납니다.

이후의 편지 내용에서 어떻게 하면 산개(山犬)를 잡을 수 있는지에 대해 덫을 만드는 방법까지 설명하고 조리법까지 알려주었다. 또한, 편지와 함께 조리를 할 때 넣으라고 들깨 한 말까지 같이 보냈으니 그가 얼마나 개고기를 좋아했고 즐겼는지 더 말할 것도 없겠다. 다산 정약용 선생 역시 먹는 것뿐만 아니라, 음식과 조리에 관해서도 관심이 많아 자신의 책을 통해 여러 번 언급했으며 많은 이들에게 알려주기도 하였다.

앞서 말한 풍석 서유구 선생과 다산 정약용 선생이 실학자였던 것을 보면, 대부분 실학을 중히 여기던 양반들이 요리에도 관심이 많았던 것으로 보인다. 그것은 먹는 것이 백성들에게 있어 가장 중요하고 목숨과 직결되는 부분이었기에 실학을 연구하고 중요시 여기는 학자에게 있어서는 연구하지 않을 수 없던 분야는 아니었을까?

남자와 요리는 멀고 먼 얘기인 것만 같았던 조선 시대에도 요섹남은 존재했다. 자신이 좋아서였든 백성을 위해서였든 요리를 연구하고 전파했던 이들이 존재했던 것이다.

요리를 하는 사람이 섹시하다고 하는 것은 자기 자신이 아니라, 누군가를 위해 요리를 하는 모습 때문에 섹시하다고 하는 것이다. 그런 의미에서 조선 시대에 자신을 위해서가 아니라, 백성을 위하고 백성이 더 낫게 살기를 바라며 요리를 연구하고 전파했던 이들은 충분히 섹시하다. 어쩌면 지금의 요섹남보다도 말이다.

소송의
나라

대한민국은 법치국가이다. 법으로 정치를 하며, 나라를 통제한다. 법 위에 누구도 군림할 수 없으며, 법 앞에서는 누구도 평등하다. 이 법치주의는 민주주의의 근본이 되며, 시민국가의 정치 원리이기도 하다. 법이라는 틀 안에서 공명정대하게 경쟁을 하고 성장하는 것이다.

이 법치주의는 근대에 이르러 영국과 미국에서부터 시작되어 유럽 대륙 전역으로 퍼져나갔다. 그리고 우리나라 대한민국도 많은 이들의 희생과 용기로 일궈낸 민주화 운동으로 민주주의 국가가 되었으며 진정한 법치국가로 거듭났다. 지금까지 20여 명의 지도자가 나오면서 누구는 법 위에 군림하려 했고, 누구는 법을 자신의 손바닥 위에서 갖고 놀려 했지만, 우리는 민주주의 이념대로, 우리의 권리대로 법으로 권력을 심판했다. 그렇게 법치주의는 성숙되고 성장한 우리의 시민의식이자 자랑이다.

우리는 조선 시대를 흔히 절대 군주의 시대라고 말한다. 그러나 지금 우리가 민주주의의 이념을 만들고 법치국가로 살아가기까지의 배경이 조선 시대였다고 한다면 과연 믿을 수 있을까? 물론 조선 시대는 절대주의 국가다. 왕이라는 절대 군주가 존재했으며 나라를 통치했다. 국민의 투표가 아닌 세습으로 주어지는 권력이었으며, 누구도 감히 왕의 권력에 반하지 못하였다.

그럼에도 조선이 지금의 법치국가의 배경이 되었다고 말하는 것은 조선이 신분 사회임에도 불구하고 수많은 소송과 분쟁, 서민들을 위한 다양한 법의 틀이 구성되어 있었기 때문이다. 법을 만들어 신분을 막론하고 누구라도 억울한 일을 당하게 되면 법에 호소하고 법으로 구제받게 하였다.

고려가 멸망한 이유 중 하나를 분쟁과 소송의 폭주라고 여겼기 때문에 조선은 건국 초기부터 공자의 무송(無訟) 사회의 이상을 실현하려 많은 노력을 했다. 그러나 조선에서도 많은 소송과 분쟁이 있었다. 조선 초기 실록을 보면 소송 건수가 구체적으로 나와 있는데 적게는 666건(1400년, 정종)에서 많게는 12,797건(1414년, 태종)이 된다. 15, 16세기 조선의 인구가 600만에서 700만 정도였을 것이라 추정하는 것을 보면 인구수와 신분 사회임을 고려했을 때 어마어마한 소송 건수가 아닐 수 없다. 소송의 나라로 불리는 현재의 미국과 비교해 봐도 부족하지 않다. 사람이 혼자서는 살아갈 수 없듯이 무리를 이루고 살다보면 분쟁도 싸움도 일어날 수밖에 없다. 법 없이도 살 사람이 있는 반면, 이런 사람을 법 없이는 못살게 만드는 사람도 반드시 존재하는 법이니 말이다.

이렇게 소송 건수가 많아지자 이를 줄이기 위해 나라에서는 다양한 정책을 시행했다. 대표적인 정책이 바로 '단송 정책'이다. 단송 정책이란, 현재 재판 중인 사건을 일정 기간 안에 종결시키고 특정 시기 이전의 사건은 아예 수리하지 않도록 하는 정책이다. 1485년 (성종 16년)에 반포된 《경국대전》의 〈형전〉에는 '노비결송정한'이라는 부록이 있는데, 특정 사안에 관련된 노비 소송의 경우 일정 시기 이전에 발생한 사건에 대해서는 소송 수리를 금지한다는 내용이 담겨져 있다. 뿐만 아니라, 《경국대전》의 〈호전〉에서 '전택' 부분을 보면 5년이 지난 사건의 소송을 기각한다고 되어 있다. 이를 '청송(聽訟)기한' 또는, '정소(呈訴)기한'이라고 한다.

전택(田宅)

모든 전지(田地)와 가옥(家屋)에 관한 소송(訴訟)은 5년을 경과(經過)한 사건(事件)은 수리(受理)하지 않는다.
남의 전택(田宅)을 훔쳐서 팔은 자, 계쟁(係爭) 전택(田宅)의 소송 사건 (訴訟事件), 부모의 유산(遺産)을 한 아들이 독점(獨占)함으로 생기는 쟁송(爭訟), 병경(并耕)을 기화(奇貨)로 하여 남의 전택(田宅)을 영구(永久)히 점유(占有)하는 자, 남의 집에 세 들었다가 영구(永久)히 점거(占居)하는 자에 관한 사건은 제소(提訴)기의 제한(制限)이 없다.

고소장(告訴狀)을 제출(提出)하여 두고 송정(訟庭)에 나오지 아니한 대로 5년을 경과한 자의 소송도 또한 기각(棄却)한다. 노비(奴婢)에 관한 소송도 같다.

－《경국대전(經國大典)》

소송이 한 번에 끝나는 경우는 흔치 않다. 소송에는 반드시 승자와 패자가 나오기 마련이기 때문에 패자는 이기기 위해 다시 재판을 하기 마련이고, 이길 때까지 재판을 하려는 사람도 있다. 조선에도 이런 자는 분명 존재했다. 그렇기에 이를 막으려고 쉬지 않고 소송을 계속 하는 사람에 대하여 '비리소송', 즉 별다른 이유 없이 소송을 즐기는 사람으로 여겨 사형 다음으로 가는 형벌인 '전가사변(全家徙邊, 전 가족을 변방으로 강제 이주시키는 벌)'으로 엄중히 처벌했으며, 이를 수리한 관원 역시 장 100대로 처벌한 다음 다시는 벼슬에 오르지 못하도록 '지비오결죄(知非誤決罪, 그릇됨을 알고 잘못 판결한 죄)'로 다스렸다.

소송 자체를 금지하는 것은 아니었지만, 이처럼 무분별한 소송을 줄이기 위한 노력은 계속되었다. 이는 1413년(태종 13년) '노비중분법'을 통해서도 잘 알 수 있다. 당시 일어나던 소송 중에는 특히 노비에 관한 소송, 그 중에서도 대부분 형제나 사촌끼리의 상속에 관한 소송이 가장 많았다. 이에 관한 소송을 없애기 위해 분쟁의 대상인 노비를 똑같이 반으로 나눠주는 방안이 시행되었는데, 이는 곧 악용되어 폐지되고 만다. 정당하게 노비를 받았음에도 더 받기 위해 소송을 거는 경우가 많았기 때문이었다.

정부의 지속적인 단송 정책에도 불구하고 소송은 줄어들기보다 점차 더 늘어만 갔다. 이에 형조나 장예원 등의 사법기관 외에도 임시 기관을 설치하였지만 결과는 별반 다르지 않았다. 결국 조선 건국 초기부터 이상향이었던 공자의 무송 사회는 허상에 그치고 말았던 것이다. 허나 그래서 점차 소송법도 발달될 수 있었고, 다양하고 세부적인 법률이 제정되는 계기가 되었다.

조선 시대에서부터 분쟁과 소송에 관한 문제는 계속 거론되어 왔으며 발전해왔다. 오랜 역사를 가진 나라의 장점이 바로 이런 것에 있다고 해도 과언이 아닐 것이다. 유럽에 비해 민주주의의 이념을 늦게 받아들이고 적용했지만 그럼에도 우수한 법치국가를 빠르게 자리 잡게 할 수 있었던 것은 오랜 시간 전부터 법치국가의 틀을 만들어왔기 때문은 아니었을까?

몇백 년 전부터 많은 이들이 법의 원칙을 세웠고, 법이 가지고 오는 많은 부작용을 직접 겪으면서 수정, 발전시켜온 덕분에 우리는 상대적으로 적은 시행착오를 겪고 지금의 민주주의를 세울 수 있었을지 모른다. 그것이 바로 뿌리 깊은 역사를 가진 우리나라, 대한민국의 자랑이자 자부심인 것이다. 우리는 이미 오래전부터 누구도 타인의 자유와 권리를 마음대로 빼앗을 수 없다는 가장 기본적인 정신을 물려받아 왔을지도 모른다. 그 위대한 시간과 사람들에게서 말이다.

과학
수사국

매주 토요일이면 빼놓지 않고 듣는 목소리가 있다.

"그런데 말입니다…."

중저음의 매력적인 목소리의 주인공은 배우 김상중이다. 미스터리한 사건과 추리력을 요하는 게임을 좋아하는 성향 덕분에 토요일엔 〈그것이 알고 싶다〉, 일요일엔 〈서프라이즈〉를 빼놓지 않고 감상하는 편이다.

〈그것이 알고 싶다〉를 시청하다보면 몇 년이 흘러도 해결되지 않은 사건에 관한 이야기를 종종 볼 수 있다. 그때마다 〈그것이 알고 싶다〉 제작팀은 프로파일러와 국립 과학 수사 연구소(국과수)의 도움을 받아 최신 과학 기법으로 사건에 접근하곤 한다. 사건 당시에는 의미 없이 넘어갔던 아주 사소한 단서 하나가 지금은 범인을 추려낼 수 있는 핵심 증거가 되기도 하는 것이다. 그래서 사건 현장과 시신은 온전히 잘 보존되어야 함을 늘 강조한다. 날로 발전하는 과학 수사 기법은 감탄을 자아낼 정도다. 완벽한 범죄는 세상에서 곧 사라질 것이란 상상을 저절로 하게 된다.

그렇다면 조선 시대에는 어땠을까? 그때에도 살인 사건 등 다양한 사건들이 시시때때로 발생했을 텐데 지금만큼 작은 단서로 범인을 추려내고 잡아낼 수 있었을까? 우리가 잘 아는 CSI나 국과수 같은 기관은 존재했을까? 〈그것이 알고 싶다〉를 보면서 조선의 과학 수사, 그것이 알고 싶어졌다.

조선의 국과수, 조선의 CSI를 찾아보자면 '별순검'을 말하지 않을 수 없다. 별순검은 조선 말기에 짧은 기간 존재했던 기구인데, 2007년 이 별순검을 소재로 한 드라마 〈별순검〉이 방영되면서 대중들에게 알려지기 시작했다.

과학 수사라고 했을 때 가장 먼저 떠올리는 일은 해부이다. 피해자의 사체를 해부하여 사망 시간과 사망 원인을 밝혀낼 수 있다. 조선의 근간은 유교 사상이다. 이러한 조선에서 과연 해부를 할 수 있었을까? 부모님이 물려주신 몸은 머리카락 한 올도 훼손시키지 않으려 했던 조선에서 말이다.

그러나 별순검은 특별했다. 파시(破視, 배를 열어본다는 의미로 해부를 뜻함)가 가능했던 것이다. 별순검에는 내의원에서 파견된 의원도 있었는데, 이들은 중요한 사건이 생길 때마다 파시를 행했다. 물론 사건이 생길 때마다 파시를 행했던 건 아니다. 가능한 파시를 하지 않고 사건을 해결하려 했으며, 할 능력 또한 충분했다.

'별순검'을 이야기하자면 빼놓을 수 없는 직책이 바로 '다모'이다. 다모 역시 드라마 〈다모〉를 통해 대중들에게 많이 알려졌다. 다모는 포도청 업무의 일부분을 담당하는 여성 수사관을 지칭하는데, 드라마에서는 좀 과대 포장된 경향이 있다. 다모는 원래 관청의 식모 역할을 하던 천비이기 때문이다. 포도청이 생겨나고 포도군관들이 여자 범죄자를 체포할 때 아무리 범죄자라도 외간 남자인 포도군관이 안채에 들어가 여자 범인을 데리고 나올 수는 없었기에 여형사가 필요했었고, 그 역할을 다모가 맡았던 것이다.

다모 중에는 의녀 교육을 받아 의학 상식도 어느 정도 숙지하고 있었기에 시신 검험(檢驗)을 할 때도 많은 도움이 되었다. 그 외에도 다모는 염탐과 탐문 등의 정보 수집 역할을 해냈다. 허나 다모가 좋은 대접을 받지는 못했다. 실제로 의녀가 공부를 제대로 하지 않으면 혜민국 다모로 강등시켰다가 다시 열심히 공부를 하면 의녀로 복귀시키곤 했다. 쉽게 말해 의녀 중 낙제생이 다모가 되곤 했다는 것이다.

"의녀의 고강(考講)은 획(畵)이 많은 3인에게 급료(給料)하고 3삭(朔) 이내에 세 번 불통한 자는 혜민서(惠民署)의 다모로 정체(定體)하게 하소서."

– 《조선왕조실록》 성종 2년

조선이 과학 수사를 할 수 있었던 것은 별순검이라는 기구와 다모의 역할이 있어서가 아니었다. 가장 중요한 것은 과학 수사의 지침이 되어준 일종의 교과서가 있어서였다. 조선에서 기본적으로 사용했던 수사집은 중국 원나라 왕여가 저술한 《무원록》이다. 이 책은 중국뿐만 아니라, 조선과 일본에서도 법의학 지침서로 널리 쓰여 왔다.

우리의 성군 세종대왕은 《무원록》만으로 수사를 하고 살인사건 등을 조사하기에는 부족하고 어려운 점이 많다는 걸 인식하고 최치운을 중심으로 《무원록》에 《세원록》과 《평원록》을 추가하여 조선의 상황에 맞게 재해석한 《신주무원록》을 만들게 하였다. 1440년에 강원도에서 초판이 발행된 《신주무원록》은 기존 《무원록》과 함께 조선 왕조 내내 가장 중요한 수사의 지침서가 되어 주었다.

《신주무원록》은 검시의 지침만을 담은 책이 아니라, 일상생활에 일어날 수 있는 다양한 측면을 담고 있어 당시 생활사를 알 수 있는 중요한 연구 사료이기도 한데, 검시가 흔하지 않았던 당시 시대를 보여주듯 시체 안색의 종류가 많이 담겨져 있다. 단순히 적색, 흑색으로만 구분한 것이 아니라, 적색 계통에서만 해도 적색부터 적자색, 적흑색, 담홍적색, 미적색, 미적황색, 청적색 등으로 굉장히 세분화하여 기록하고 있다. 또한, 계절과 시간에 따른 시체의 상태에 대해서도 잘 설명해뒀는데, 시간의 경과에 따른 시체의 변화를 파악할 수 있다면 역으로 사망 시간을 추정할 수 있음을 알았기 때문이다.

이 밖에도 상흔의 위장(偽裝)을 찾아내는 방법도 상세히 기술되어 있다. 예를 들어 구타당하여 살해당했을 때의 상흔은 푸르거나 붉게 나타나지만, 갯버들나무 껍질을 상처 부위에 덮어두면 상흔이 상하여 검은색이 되기 때문에 흔적을 조작할 수 있다. 그렇기 때문에 반드시 손으로 만져 보고 부어올랐거나 단단하지 않으면 흔적을 위장했음을 의심해야 한다고 설명되어 있다.

또한, 칼로 찔러 죽인 후 불에 타 죽은 것처럼 위장하는 경우나, 범인이 검시인들을 사주해 시체의 상처에 초를 발라 상흔을 지운 경우, 물에 빠져 죽은 경우, 얼어 죽은 경우 등 각 상황에 맞는 다양한 약재와 보조 도구를 사용하여 판별하는 방법까지도 자세히 소개되어 있다. 이처럼 시체를 해부하지 않고도 사망 원인을 추정할 수 있는 정밀한 방법을 기록하여 이를 토대로 검시할 수 있었다.

또 하나 더 말하자면 《신주무원록》은 검사 방법 등에만 머무른 것이 아니라, 전체적인 조사 과정에서 발생될 일에 대해 주의할 점과 이 과정에서 일어날 수 있는 부정부패에도 기준을 제시하였다. 검시에 직접적으로 관련이 있는 행인(行人)과 이인(吏人) 등은 절대 검시관 곁에서 떠나지 못하도록 검시관이 감독해야 함을 강조하여 부정한 일이 일어나지 않도록 미연에 방지하려 했다.

《신주무원록》은 무려 300여 년 동안 지침서로 사용되었다. 이후, 1748년(영조 24년) 구택규는 《신주무원록》에서 필요 없는 것을 빼고 새로운 사례를 넣으면서 《증수무원록》을 편찬하였다. 그리고 아버지의 유지를 이어받아 그의 아들 구운명이 《증수무원록》을 더욱 업그레이드하여 그동안의 모든 검험 지식과 수사 기법을 총망라한 《증수무원록대전》을 편찬했다. 이후 《증수무원록대전》은 1796년에 한문본 《증수무원록대전》과 한글본 《증수무원록언해》로 출간되었고, 《증수무원록언해》는 18세기 말엽의 검시 방법과 원칙, 검안의 작성 요령 등 법제사적 사실과 인체에 대한 해부학적 사용을 담고 있는 법의학서로 귀중한 의학사 자료가 된다. 이토록 조선은 당시의 어느 국가 못지않게 과학 수사에 앞장섰고, 앞서 있었던 것이다.

조선은 과학 수사국이었다. 단 한 명의 억울한 피해자도 나오지 않기를 바랐고, 한 치의 오해도 없기를 추구했다. 그래서일까? 오늘날의 대한민국은 세계에서 최고의 검거율을 자랑하고 있다. 물론 아직 부족하고 성장해야 할 시스템적인 문제가 있지만, 대한민국의 수사력과 검거율은 세계 최고임이 분명하다. 그것은 분명 오래전 조선 시대에서부터 그렇게 되도록 많은 씨앗을 뿌려준 덕분일 것이다.

조선
부부 클리닉

"4주 후에 뵙겠습니다."

익숙한 누군가의 목소리로 들리는 말이다. 오랜 시간 대중의 사
랑을 받았던 한 TV 프로그램에서 나오는 유명한 대사이다. 4주 뒤
에 보자고 하는 건 이혼을 조정할 수 있는 기간을 주는 건데 어느새
이 대사가 이 방송의 트레이드마크가 되었다.

80년대만 하더라도 이혼은 흔하지 않았다. 무섭고 낯선 단어였
다. 그러나 요즘의 이혼은 흔하고 쉽다. 심지어 황혼이혼이라 해서
고령의 이혼도 늘어나고 있는 추세이다. 2011년 법무부에서 발간
한 《2011 사법연감》을 보면, 2006년부터 2010년 사이에 이뤄진 이
혼의 원인을 조사한 통계에 의하면 1위가 성격 차이(45.9%), 2위는
기타 사유(20.4%), 3위 배우자 부정(8.7%), 4위가 가족불화(7.4%),

5위는 정신적, 육체적 학대(4.8%), 6위가 건강상 이유(0.7%)였다. 이혼 원인의 통계를 살펴보면 성격 차이가 가장 큰데, 예전에는 참고 살아야 한다는 생각이 컸다면 요즘은 굳이 참으면서 살 필요가 없다는 생각이 더 커진 것이 이혼율의 증가로 이어지지 않았나 여겨 진다.

그렇다면 예전 우리 조상들은 어땠을까? 80년대만 하더라도 참고 살아야 한다는 생각이 컸으니 조선 시대에는 더하지 않았을까? 자, 그럼 지금부터 조선 시대의 부부 클리닉으로 한번 들어가 보자!

우선 결혼 과정부터 살펴보자면 연애결혼이 많은 요즘과는 달리 조선 시대의 결혼은 거의 중매로 이루어졌다. 이것은 신분과는 크게 차이가 없었다. 양반이든, 서민이든, 천민이든 매한가지였다.

그래도 남녀가 있는데 어찌 연애가 없을 수 있겠는가. 물론 연애를 하는 남녀도 있었지만 우리가 잘 아는 '남녀칠세부동석'이란 말이 있듯이 다 큰 총각, 처녀가 서로 눈이 맞아 공개 연애를 하는 건 매우 부끄럽고 어색한 일이었다. 게다가 신분 사회였기 때문에 시기적으로, 상황적으로 연애결혼을 하기는 쉽지 않았다.

연애결혼을 하든, 중매결혼을 하든 결혼 생활을 하다보면 신혼 초부터 위기를 맞는 부부도 있고, 권태기를 맞아 위기를 맞는 가정도 있기 마련이다. 어느 부부든 위기는 찾아오는 법이다. 그리고 이 위기를 극복하지 못하면 이혼이란 길로 접어들게 된다. 이건 조선 시대에도 마찬가지였다. 하루가 멀다 하고 싸우거나 서로 말도 하지 않는 부부도 분명 있었다. 예나 지금이나 사람이 살아가는 건 동일성을 갖기 마련이다.

그렇다면 조선에서는 이혼을 어떻게 했을까? 지금처럼 이혼 조정 기관이나 이혼 소송 같은 건 있었을까?

결론부터 말하자면 조선의 국법에 이혼이란 존재하지 않는다. 지금처럼 이혼 서류를 작성해서 구청이나 시청에 접수하는 식의 이혼 방식은 존재하지 않는다는 것이다. 하지만 이혼은 있었다. '이혼'이란 단어 대신 '출처(出妻)', '휴기(休棄)', '이이(離異)' 등의 다양한 방식으로 이혼이 이루어졌다.

'출처'란 '처를 내쫓는다'는 뜻이며, '휴기'는 '아내를 버린다'는 뜻이다. 단어만 보더라도 조선 시대의 남자와 여자의 처우가 어땠는지 잘 알 수 있는데 조선 시대에는 남편이 아내를 버리는 경우가 대부분이었던 것이다.

그렇다고 남편이 이혼을 당하는 경우가 아예 없지는 않았는데 '이이'라고 해서 나라에서 강제 이혼을 시켜주기도 하였다. 강제 이혼에는 의절이혼과 역가이혼이 있었는데 '의절이혼'이란 부부 중 어느 한 쪽에게 심각한 문제가 있을 경우 강제 이혼을 시키는 것이다. 남편이 아내의 조부모, 부모 등을 폭행, 살해하는 경우나 장모와 간통했을 경우 '의절이혼'을 시킨다. 이 반대의 경우인 아내 역시 남편의 조부모, 부모를 살해하거나 폭행하는 경우에 '의절이혼'을 당할 수 있었다. 그러나 여기서도 남녀차별이 있는데 남편은 아내를 때려도 되지만, 아내가 남편을 때리는 경우는 이혼을 당할 수 있었다.

'역가이혼'은 부부 중 어느 한 쪽이 역모와 관련되었을 경우에 하는 강제이혼이다. 역모죄에 해당하면 가문이 몰락하기 때문에 최대한 빨리 관계를 끊는 것이 살 길이었다.

조선의 이혼 방식은 신분에 따라 그 방식이 달랐다. 양민은 비교적 이혼이 쉬웠지만 양반의 경우에는 왕의 허락을 받아야만 이혼을 할 수 있었는데, 국법으로 이혼 자체가 없었기 때문에 왕에게 이혼 허락을 받기란 여간 어려운 일이 아니었다. 이혼의 허가를 받으려면 도저히 함께 살 수 없는 이유가 있어야 하는데 그 이유로 나온 것이 바로 '칠거지악(七去之惡)'이다.

칠거지악: 일곱 개의 악행을 저질렀으니 내쫓아 마땅하다.

'칠출' 혹은 '칠거'라 불리는 이것은 조선에서 시작된 것이 아니다. 공자에게서 시작되었는데《공자가어(孔子家語)》를 보면 '부도(아내의 도리)'를 말한 본명해편에서 '칠거'에 대해 말하였다. '칠거'는 무엇일까?

칠거
첫째, 시부모에게 순종치 않는 여자
둘째, 아들을 낳지 못한 여자
셋째, 음란한 여자

넷째, 질투가 심한 여자

다섯째, 나쁜 질병이 있는 여자

여섯째, 말이 많은 여자

일곱째, 도벽이 있는 여자

공자가 지금 시대에 이걸 들먹였다면 남녀차별 발언으로 큰 곤혹을 치렀을지도 모르겠다. 하지만, 이 칠거라는 것이 사실 여자를 보호하기 위해 만들어진 것이라는 말도 있다. 남편이 쉽게 아내를 버리지 못하게 하기 위해서 일곱 가지의 조건을 걸었다는 말이다. 우리 시대에도 좋은 취지로 만든 법을 악용하여 사용하는 사람들이 있듯이 처음 '칠거'를 만든 것은 좋은 취지일지도 모르지만, 조선 시대의 양반들은 역으로 사용하여 쉽게 아내를 버렸다. 그래서 '칠거지악'과는 별도로 '삼불거(三不去)'라고 하여 아내를 내쫓을 수 없는 세 가지를 마련했다.

삼불거

하나, 가난할 때 시집와서 집안을 일으켰을 때

둘, 부모의 3년상을 같이 치렀을 때

셋, 갈 곳이 없을 때

남편이 아무리 아내가 음란하고 질투가 심해 버리려고 해도 삼불거에 속하면 아내를 내쫓을 수 없도록 한 것이다.

양반들은 왕에게서 이혼 허락을 받기 쉽지 않았기 때문에 이혼이 아닌 다른 방식을 선택했다. 바로 '소박'이다. 우리는 흔히 '소박'이라 하면 아내를 내쫓는 것으로 알고 있지만, 쫓아내기보단 같이 한 집에서 살지만 아예 보지 않는 것으로 받아들이는 게 더 맞다. 양반들의 집이야 방이 워낙 여러 개 있었으니 방을 따로 쓰면서 보지 않으면 그만인 것이다.

'소박'은 '외소박', '내소박'이 있는데 남편이 아내를 보지 않는 것을 '외소박'이라 하고, 반대로 아내가 남편을 보지 않는 것을 '내소박'이라 하였다. 외소박을 하는 경우는 대부분 아내가 못생겼을 경우가 많았다고 한다. 당시 얼굴도 보지 않고 결혼을 하는 경우가 많았으니 이해가 안 되는 것도 아니지만 너무한 처사라는 생각도 든다. 반대로 내소박을 하는 경우는 남편이 젊어서 외도를 포함하여 나쁜 짓을 다하고는 병들고 늙어서 아내를 찾는 경우 내소박을 맞았다고 한다. 요즘 황혼이혼이 내소박과 비슷한 상황이라고 볼 수 있겠다.

양반도 이혼과 소박이 가능하고, 양민도 이혼과 소박이 가능했지만 여건상 양반은 소박의 경우가 많았고, 양민은 이혼의 경우가 더 많았다.

양민이 이혼하는 방식은 대략 두 가지가 있는데, 그 첫째는 '사정파의(事情罷議)'이다. 사정파의는 이혼을 하려고 할 때 부부가 같이 살 수 없는 이유를 충분히 서로 이야기하고 그 이유가 정당하다고 생각되면 합의하에 헤어지는 것을 의미한다. 요즘 말로는 합의이혼이라 할 수 있겠다. 하지만 조선 시대인 만큼 남편이 사정파의를 요구하면 아내가 거부해도 그와 상관없이 버림받기도 했다.

두 번째는 '할급휴서(割給休書)'이다. '휴서'는 이혼 문서를 뜻하는데, 법으로 이혼 자체가 없었기 때문에 법적 근거는 없는 문서이다. 단지 이혼을 증명할 수 있는 물건을 주는 것인데 저고리의 옷섶을 잘라서 주는 것이 일반적인 방법이었다. 가위로 옷을 잘라서 준다는 의미로 '할급휴서'인 것이다.

남편이 아내에게 이혼을 증명하는 세로 모양의 옷섶을 주면 아내는 자유로운 몸이 되고 재혼도 가능해진다. 세로 모양의 옷섶을 '나비'라고 하는데 나비를 받은 여자가 이것과 함께 이불보를 진 채로 성황당에 있으면 이를 본 남자가 지위고하를 막론하고 여자를 책임져야 하는 관습적인 의무도 있었다고 한다. 여자가 길에 혼자 오래 있게 되면 위험하다고 하여 보호하려는 차원에서 있는 관습인지, 여자를 물건처럼 쉽게 봐서 생긴 관습인지는 모르겠다. 그저 조선 시대가 여자들이 살아가기 불합리하고 힘든 시대였던 것만큼은 확실하다.

남녀가 만나 함께 살아가는 건 평생 풀지 못하는 숙제를 안고 가는 것과 마찬가지다. 머리로 이해할 수 없는 부분도 많고, 마음만으로 되지 않는 것도 많다. 그렇기에 예나 지금이나 많은 이들이 사랑으로 만났지만 원망으로 헤어지려 하는 경우가 끝없이 나오는 것이다.

지금과 조선 시대의 이혼의 방식은 다르지만 닮아있다. 하지만 우리가 명심해야 할 것은 어떤 방식으로 헤어질 것이냐가 아니라, 어쩔 수 없이 헤어지게 되더라도 헤어지기 전까지 무엇을 주고 남기려 할 것이냐이다. 진실하게 사랑했고 그 시간이 간절했던 적이 있었을 것이다. 그러나 이제 그 마음이 식었다 하더라도 소중한 시간을 공유했던 사람으로서 각자의 길을 떠날 때 무엇을 남겨주고 싶은지 생각해 봐야 한다. 만남에도 예의가 필요하듯이 헤어짐에도 예의는 필요한 법이니 말이다.

사초와
국정교과서

어느 정권, 어느 정부든 많은 일들이 있기 마련이고, 많은 논쟁거리도 생기기 마련이다. 그리고 18대 대통령이었던 박근혜 정부 역시 별반 다르지 않다. 박근혜 정부가 들어서고 많은 일들이 있었지만 그 중에서도 빼놓을 수 없는 논쟁거리는 바로 '국정교과서'다.

지금의 시간은 언젠가 역사가 된다. 좋은 일이든 나쁜 일이든 지금의 모든 일들은 훗날 역사로 남겨지게 된다. 그리고 그 모든 것이 역사가 되기 위해서는 후대에 전해줄 수 있는 기록물이 있어야 한다. 객관적으로 일어난 일들을 기록한 기록물 말이다. 편견 없이 그에 대한 평가를 스스로 할 수 있도록 있는 그대로의 기록물이 역사에 남겨져야 하는 것이다.

지금 우리는 민주주의 사회에서 살고 있다. 누구의 입장이나 해석을 강제로 배워야 하고, 주입해야 하는 사회가 아닌 자발적으로 생각하고 판단할 수 있는 사회에서 살고 있다. 그런데 민주적으로 발전해야 할 나라가 역사를 객관적으로 보고 판단할 수 있는 교육 방식이 아니라, 국가에서 지정한 편향적인 교과서만으로 교육을 한다는 건 시대착오적인 생각이 아닐 수 없다. 이것은 왕이 통치했던 조선 시대에도 있을 수 없는 일이다.

조선에는 후대를 위한 기록을 하는 사관이 있었고, 사관이 쓴 사초가 있었다. 그 사초는 그 누구도 열람할 수 없는 절대적인 기록이었다.

삼국 시대부터 역사 편찬에 따른 사관(史官)은 존재했다. 그리고 고려는 국초에 왕의 언행, 정치, 백관(百官)의 행적 등 모든 시정을 기록하는 관아로 사관을 설치했다. 여기에 시중이 겸직하는 감수국사, 2품관 이상이 겸직하는 수국사와 동수국사, 한림원의 3품관 이하가 겸직하는 수찬관과 직사관을 두었는데, 직접 실무를 맡은 수찬관, 직사관을 주로 사관이라 하였다.

사관은 쉽게 말하자면 '역사를 기록하는 사람'이다. 사관은 왕과 신하들의 행동과 말, 그리고 한 일들, 그런 것들에 대한 자신의 개인적인 생각까지도 모두 기록하며 이들 사관이 기록한 것을 '사초'라고 한다. 《조선왕조실록》의 방대함과 객관성은 상상을 초월한다. 이는 모두 역사를 정확하고 객관적으로 기록하기 위해 피땀 흘리며 노력했던 사관 덕분이다.

항상 왕의 옆에서 사초를 기록하는 사관은 보통 예문관의 관리 8명을 말하는데 이들을 한림 8원이라 한다. 그들은 두 명씩 교대로 숙직하면서 조정에서 일어나는 모든 일들을 쫓아다니며 자세하게 기록하였다.

사관은 왕의 일거수일투족을 기록한다. 그리고 한림 8원 외에도 조정의 일을 기록하는 사람들이 또 있었는데, 승정원에 소속되어 있던 '주서'가 그들이다. 왕의 비서실이었던 승정원에 소속된 그들은 왕이 신하들과 나랏일을 논의하는 과정과 왕에게 올린 상소 같은 문서들을 모두 기록하여 《승정원일기》라는 책으로 만들었고, 이는 실록을 만들 때에 중요한 자료의 하나로 쓰였다. 《승정원일기》는 실록보다도 그 양이 많았으며, 정확성 역시 사초에 뒤지지 않을 정도였다.

그들 역시 사관과 마찬가지로 두 명씩 일을 하는데, 중기까지는 주서가 한 사람이었다가 임진왜란 이후 '사변가주서'라는 이름으로 관직을 추가했다. 그러니까 주서까지 포함하면 조선 시대의 기록을 하는 사관은 총 네 명이라고 볼 수 있는 것이다.

이렇게 총 네 명의 한림 8원과 승정원 주서들은 미처 작성하지 못한 부분이 있으면 서로의 것을 보기도 하고 잘못된 것이 없나, 비교해 보기도 했다. 또한, 왕과 신하들이 하는 일에 대해 일일이 기록하였고, 잘못되고 빼먹은 것이 없나 서로를 철저하게 감시하고 돕는 역할까지 했다.

게다가 정확하고 믿을 만한 역사를 기록하는 일을 무척 중요시 여겼던 조선이었기에 그런 역사를 기록하는 사관의 자격은 꽤 까다로웠다. 장차 어떤 집안과 엮일지 모르기 때문에 결혼을 하지 않은 사람은 안 되었고, 친가나 외가 모두 4대까지 흠이 없는 집안의 사람이어야 했다.

그들은 후세에 전해질 역사를 자신의 손으로 기록하고 있었고, 자신의 기록에 따라 역사와 미래가 바뀔 수도 있었다. 또한, 아무나 될 수 없는 것이 사관이었기에 그들의 자신감과 사명감은 대단했다.

사람이라면 누구나 그렇겠지만 많은 왕과 관리들이 자신들의 모습이 어떻게 기록되고 있는지, 후세에 어떤 모습으로 전해질까 두려워하고 궁금해했다. 그러나 조선의 왕 중 누구도 사초나 실록을 볼 수 있었던 왕은 없었다. 가장 훌륭한 왕인 세종 또한 아버지 태종의 실록을 무척 보고 싶어 했지만 뜻을 이룰 수 없었고, 연산군 또한 사초를 직접 본 것이 아니라, 그 사초를 베껴온 것을 본 게 전부였다.

이렇게 사초는 노출되어서도 안 되고, 수정되어서도 안 되었다. 사초는 그것을 기록한 사관 외에 그 누구도 볼 수 없었지만, 일단 실록청이 열리고 실록을 만드는 관리들이 임명되면 실록을 만들기 위해 그들은 사관들이 쓴 사초를 볼 수밖에 없었다. 그리고 사관들이 자신들에 대해 어떻게 썼는지 알 수 있게 되었다.

사초는 실명제였다. 사초를 쓰는 사관은 자신의 이름을 반드시 기재해야 했는데, 그것은 자신의 기록에 책임을 지라는 의미였다.

때문에 사초를 보게 된 실록청의 관리들이 사초를 쓴 사관을 압박하고 다치게 하는 경우도 종종 있었는데, 그럼에도 조선은 사관이 익명으로 사초를 쓰는 것을 허락하지 않았고, 사초를 고치거나 없애는 것도 절대 용서하지 않았다.

사초를 고치거나 지우면 사형을 내렸고, 사초의 내용을 다른 사람에게 말하거나 알려줘도 사형에 처했다. 그리고 사관이 사초를 실록청에 내지 않았을 경우에는 자손의 관직 진출을 제한하는 벌을 내렸다. 이처럼 조선은 사관에게 자부심과 혜택을 주는 동시에 막대한 책임과 의무를 지게 하였다.

조선이 이렇게 사초에 심혈을 기울였던 것은 무엇보다 역사가 객관적이어야 함을 알고 있었기 때문이다. 누군가의 편견과 사심이 들어간 평가는 후대에 잘못된 정보와 가르침을 주기 때문에 역사는 무엇보다 객관적인 사실만을 전달해야 한다.

우리도 후대를 위한 객관적이고 냉정한 기록이 필요하다. 외압과 편견을 가진 기록이 아닌 있는 그대로의 기록을 말이다. 평가는 후대가 한다. 그 기록물로 인해 그들은 우리보다 더 현명한 판단을 할 것이고, 또 새로운 대안을 모색해 나갈 것이다. 그런 기회와 발판이 될 소중한 기록을 우리는 무엇으로 남길 것인가? 지금 우리가 생각해 보아야 할 과제 중 하나이다.

3장

그들의
다른 이야기

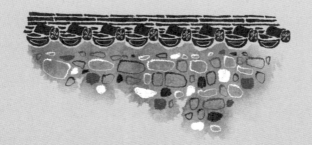

악연,
정도전과 정몽주

혼란에 빠진 고려 말, 누군가는 앞장서 질서를 잡아야 했다. 홍건적은 10만 대군을 이끌고 개경으로 내려왔고, 왜구는 노략질에 만족하지 못했는지 수도를 함락시키려 안간힘을 썼다. 뿐만 아니라 권문세족이 토지를 대거 장악했기에 백성들은 굶주리고 삶이 고달팠다. 조정 또한 기울어가는 원나라를 붙잡고 있을지 신진 세력인 명에 아첨을 떨어야 할지 고심하던 터였다.

1370년 겨울, 공민왕의 북진정책에 힘입어 빼앗긴 요동을 되찾고자 이성계가 칼을 들었다. 요동성을 점령한 뒤 그의 명성은 차츰 높아져 갔고, 지리산까지 밀고 들어온 왜구도 격퇴했다. 정몽주는 그의 매력에 빠지기 시작했고 엘리트 집안 출신이 아닌 것에 더욱 눈길이 갔다. 이인임 탄핵에 목소리를 높였던 정몽주는 2년간의 유배 생활을 끝내고 개혁에 칼을 뽑은 이성계에 힘을 보태주려 했다. 이성계의 세력이 점점 커지자 완고한 성격의 정도전도 유랑(流浪) 생활을 끝내고 그를 찾아왔다. 난세에는 영웅이 태어나듯이 이성계의 등장은 그들에게 희소식이 아닐 수 없었다.

정몽주와 정도전은 서로 칼을 겨누기 전엔 친한 선후배의 관계였다. 정몽주와 정도전의 아버지는 고려 시대 최고의 학자라 불리는 이색과 친분이 있었다. 성균관에 입성한 두 사람은 자연스럽게 스승 이색이 추구했던 친명정책을 받아들이게 된다. 더욱이 이색은 그들의 학구적인 태도에 놀라 칭찬을 서슴지 않았다.

또한 성리학을 수용한 이색은 유교의 입장에서 불교를 이해하고자 노력했다. 《고려사》에는 승려가 백성을 속여 재물을 갈취했다는 내용이 심심치 않게 등장한다. 불교를 바탕으로 민심 통합을 이루려 했던 왕건의 취지가 퇴색해지자 불교는 비난을 면치 못했다. 이색은 도첩제를 강력히 주장하며 억불정책을 굳혀 나갔다.

두 사람은 벼슬길에 오르면서 이색의 사상을 자신들의 정책에 적용하기 시작했다. 성리학뿐만 아니라 불교의 폐단도 지적하기 시작하며 정치적 동지의 입장을 고수했다. 그러나 강하게 주장하다 보니 서로 엇갈리는 부분도 알게 되었다. 정몽주는 억불정책을 옹호하긴 했으나 불경에는 삶을 윤택하게 하는 진리가 담겨 있다고 보았다. 이에 정도전은 진리를 찾기에 앞서 불교가 이단이라며 강하게 반발했다. 모두 급진적이긴 했으나 정몽주가 조금 더 융화를 목표로 했음을 알 수 있다. 이는 이성계를 받들기 전부터 조금씩 갈등의 물꼬를 튼 계기였던 셈이다.

사소한 갈등은 친원파의 수장 이인임에 의해 잠시 멈춰졌다. 그는 공민왕의 아들 우왕을 왕좌에 앉히며 권세를 쥐락펴락했다. 세력이 약해져가는 원을 계속 떠받들고 있으니 조정에서도 불만이 터져 나왔다. 특히 이인임은 정적이던 이성계와의 대립이 극심해져갔다. 정몽주와 정도전도 이 분위기에 이성계와 가까워졌고 친명정책을 강하게 주장했다. 정몽주가 성균관 대사성에 올랐을 당시 이인임은 명과 원에 이중 외교정책을 추진하려다 강력한 반발에 부딪혔다. 하지만 이인임에 필적하지 못하며 정몽주와 정도전 둘 다 귀양살이를 하게 된다. 정몽주는 경상도 언양으로, 정도전은 전라도 회진으로 보내지며 고초를 겪어야 했다.

2년 뒤 정몽주는 다시 벼슬길에 올랐지만 정도전은 부름을 받지 못했다. 친원파의 큰 걸림돌인 정몽주를 숙청하려는 음모도 있었지만 조정은 그의 외교술을 높이 샀다. 명 태조의 생일날 사신으로 추천받아 험난한 여정을 떠났던 그는 기대에 부응했다. 밀렸던 조공을 면제받고 유배되었던 사신들도 귀국시키는 큰 공을 세우자 이성계도 그를 눈여겨보기 시작했다.

1383년 이성계는 조전원수(助戰元帥)인 정몽주를 대동하고 북쪽 오랑캐 토벌에 앞장서며 함흥으로 향했다. 정몽주 또한 앞서 왜구를 물리친 이성계가 새로운 나라를 만드는 데 야심이 있음을 알아차리고 이성계파와 의견을 같이했었다. 오랑캐를 상대로 승전고를 올리자 이성계와 정몽주의 명망은 절정에 올랐었다. 한편 떠돌이 생활 중이던 정도전은 날로 달라지는 그들의 위상에 감탄했고 함께 하고자 하는 마음에 이성계를 찾아갔다.

"참으로 훌륭합니다. 이런 군대로 무슨 일인들 못하겠습니까?"

정도전은 이성계가 거느린 군대를 보며 감탄했었다. 완고한 성격이라 좀처럼 아부 섞인 말을 내뱉지 않기에 주변을 놀라게 했다. 실로 감탄했을지는 알려지지 않았지만 이성계와 뜻을 함께 하겠다는 마음만은 확실했다. 이렇게 해서 이성계는 강력한 군대와 뛰어난 두 참모를 손에 넣게 된다.

하지만 위화도 회군으로 인해 두 참모의 본격적인 갈등이 시작되었다. 1388년 최영과 이성계는 요동 정벌에 나서며 뜻을 같이하는 듯 했으나 이성계는 개성으로 돌아왔다. 훌륭한 동지라 여기던 최영이라 할지라도 명과의 전쟁을 주장했기에 제거할 수밖에 없었다. 최영뿐만 아니라 그를 따랐던 수장들과 친원파 세력까지 숙청에 나섰다.

이때까지만 해도 정몽주는 그의 개혁 정신에 뜻을 함께했다. 혼란을 잠재우고 질서를 바로 세울 수 있는 유일한 인물이라 생각했기 때문이다. 이성계는 창왕을 폐위시키고 공양왕을 왕좌에 앉히며 자신의 권세를 굳혀 나갔다. 이때 정몽주가 불교를 배척하자는 정도전의 뜻에 동조하며 손발이 맞아지는 듯했다. 하지만 이성계를 왕으로 추대하자는 정도전의 입장과는 다르다며 선을 그었다.

썩어가고 있는 고려를 개혁해야 하는 건 당연했지만 왕조를 바꾸는 데는 동의하지 못했다. 왕이 민심을 잃어 폐할 수는 있지만 뿌리까지 바꾸자는 건 개혁이 아님을 강조했다. 정몽주는 이성계의 세력이 확실히 커졌음에도 망설이지 않고 급진 세력에 등을 돌리게된다. 서로 언제 처단할지 계획까지 세우는 등 그들의 갈등은 최고조에 다다른다.

칼을 먼저 뽑은 건 정몽주였다. 조정에선 대규모 인사이동이 진행되었고 정도전은 정당문학에서 평양부윤으로 벼슬이 바뀌었다. 품계는 둘 다 똑같은 종2품이지만 중앙에서 지방으로 쫓겨난 꼴이되었다. 그것도 모자라 정도전은 규정(糾正)을 몰래 꾀어 대간을 비방했다며 유배 보낼 것을 간청했다. 이 시기에 서로를 물고 뜯는 일이 비일비재했기에 공양왕은 쉽게 받아들이지 못했다. 간사하게도 정몽주는 끈질기게 공양왕을 부추겼다.

"정도전이 외람되어 공신의 반열에 있으면서 속으로는 간악한 마음을 품고 겉으로 충직한 척하여 국정을 더럽혔으니, 그에게 죄를 주기를 청합니다."

결국 상소는 받아들여졌고 정도전은 봉화현으로 추방당했다. 설상가상으로 1392년 봄, 이성계가 명나라에서 돌아오는 세자를 마중하러 가는 길에 해주에 들려 사냥을 하던 중 뜻밖의 부상을 당했다는 소식이 전해졌다. 소문은 사실로 확인되었고 정몽주는 하늘이 주신 기회라며 놓치지 않으려 했다. 대간에 모인 정몽주 세력은 이성계뿐만 아니라 조정에 남은 급진 세력을 척결하고자 준비 단계에 들어갔다.

이 소식은 이성계의 아들 이방원에게 전해졌고, 급히 아버지에게 전달하여 귀경을 재촉한다. 정몽주는 계획을 실행에 옮기며 남은 세력인 조준, 남은 등에 대한 탄핵안을 올려서 원하는 상황을 이끌어냈다. 그리하여 정도전은 감금되고 몇몇 세력들은 뿔뿔이 흩어지며 귀양을 살게 된다. 이성계는 아들 덕분에 소식을 빨리 접할 수 있었고 대책까지 강구해 나갔다. 이성계파는 자신들이 왕실에 충실하고 있다는 건 온 나라 사람들이 안다며 모함하고 있는 정몽주를 없애야 한다고 의견을 모았다. 결국 정몽주는 〈단심가〉를 후대에 남기고 이방원에게 죽임을 당한다.

이 몸이 죽고 죽어 일백 번 고쳐 죽어
백골이 진토 되어 넋이라도 있고 없고
임 향한 일편단심이야 가실 줄이 있으랴.

정도전도 그가 그리웠는지 6년쯤 지난 후 이방원에게 역시 죽임을 당한다. 정몽주와 정도전의 죽음은 조선 건국을 배경으로 한 작품에서 가장 많이 소재가 되기도 했다. 각색하여 재미있게 표현했다며 호평을 받았던 드라마도 여러 편 있을 정도다. 더욱이 두 남자의 죽음만을 다룬 소설도 등장할 만큼 역사에 없어서는 안 될 인물이었다.

정도전이 유배를 갈 때 정몽주는 한 권의 책을 선물했다. 정도전은 그 책을 유배지에서 읽고 또 읽었다. 그리고 그 책에 담긴 사상을 본으로 삼아 고려를 무너뜨리고 조선을 건국하기로 결심하게 되었다.

정몽주가 정도전에게 선물한 책은 《맹자》였다. 정몽주는 《맹자》를 통해 정도전과 '인'의 사상을 공유하고 싶었지만, 정도전은 '인'보다는 '의'에 감명을 받아 혁명을 시작했던 것이다. 개혁에 '인'을 뿌리로 둘 것인가, '의'를 뿌리로 둘 것인가가 그 둘에게는 좁힐 수 없는 큰 골이었으며, 둘의 미래를 가른 결정적 요소가 되고 말았다.

분명한 건 그들은 개혁을 원했다는 사실이다. 아니 개혁이 반드시 필요했다. 이들은 백성을 구제하는 일이 곧 왕조를 되살리는 방법이라 생각했다. 정몽주는 의창을 설치하여 흉년이 들었을 때 배고픈 백성을 구제했으며, 정도전은 과전법을 주창하며 조선 건국에 이바지했다. 이외에도 백성을 위한 정책을 많이 펼쳤지만 정치적 야욕이라며 비난을 받기도 했다. 그렇기에 600년이 지난 지금도 여전히 충신인지 아닌지 의견이 분분하다.

우리는 쿠데타에 대한 인식이 좋지 않다. 힘센 사람이 주먹을 휘둘러 원하는 것을 차지하는 경우에 그렇다. 그런데 그 상대가 사리

사욕에 눈이 멀어 백성을 모른 체 한다면 어떻게 해야 할까? 지속적으로 말해도 통하지 않는다면 주먹을 불끈 쥐어야 할까? 아니면 정신이 돌아오도록 계속 설득을 해 나가야 할까? 결론이 나질 않는다. 시작부터 답이 없던 문제를 풀려 했기에 정도전과 정몽주는 운명을 달리 할 수밖에 없었다.

현대 사회에도 이런 일은 빈번히 발생한다. 국민을 구제하고자 정치에 입문했지만 목적은 잊고서 세력 확장에만 몰두하는 사람들 말이다. 지금까지도 여전히 그런 이들이 서로를 견제하며 주먹질을 하고 있다. 무엇이 중요한 지를 잊은 채 말이다.

효자
이순신

1597년, 퇴각하던 왜군은 다시 조선을 침략한다. 정유재란이 일어난 것이다. 정유재란이 일어난 지 약 한 달 후, 이순신은 통제사에서 파직되어 서울로 압송되었고, 옥에 갇힌다. 조선의 가장 훌륭한 장수였던 이순신이 필요한 시기에 조정은 그를 잡아 가둔 것이다.

이순신의 자리는 원균이 대신하였고, 그의 지휘하에 칠천량 해전에 나서지만 대패하고 만다. 그리고 이 전투에서 이순신이 몇 년 동안 만들어 두었던 전선 256척을 잃었고, 남은 배는 고작 12척에 불과하였다.

원균이 대패하자 조정은 이순신을 복직시켰다. 그러나 상황은 이미 나빠질 대로 나빠진 이후였다. 원균이 바닷길을 내어준 탓에 왜군은 남원성과 진주성을 점령한 데다가 이순신에게는 고작 120여 명의 군사와 12척의 배가 전부였다. 선조는 이미 가능성이 없다보고 이순신에게 수군을 포기하고 차라리 육군으로 합류하여 싸우기를 권했지만 이순신은 그럴 수 없다며 "신에게는 아직 12척의 배가 있사옵니다"라는 서신을 보낸다.

이러한 상황에서도 이순신은 대승을 거둔다. 모두가 이길 수 없다고 말하는 상황에서 그는 12척의 배로 왜군의 함대 133척에 맞서 싸웠고, 이중 31척의 적선을 격파하며 대승을 거둔 것이다. 이 전투가 바로 우리가 잘 알고 있는 명량해전이며, 그는 벼랑 끝에 몰린 위기에서 영웅으로 거듭났다.

명량해전이 있은 지 1년 후, 그의 마지막 전투가 되는 노량해전이 펼쳐진다. 그는 83척의 배로 왜군 500여 척의 배와 맞서 대승을 거두었고, 왜군은 50여 척의 배만을 겨우 수습하여 도망쳤다. 그러나 우리는 이 전투에서 그 무엇에 비할 수 없는 큰 손실을 얻고 마는데, 바로 이순신 장군을 잃게 된다. 이순신은 이 전투에서 추격전을 벌이다가 적의 유탄에 맞아 전사하고 만다.

허나 일각에서는 이순신이 이 전투에서 자살을 했다는 이야기도 종종 나오고 있다. 이 주장도 나름 신빙성이 있는 것이 당시 이순신은 백의종군 중에 어머니를 잃었고, 막내아들 면을 왜군 손에 잃었다. 사람이 느낄 수 있는 가장 큰 슬픔을 이순신은 겪고 있었던 것이다. 또한, 당시의 이순신은 몸이 상당히 안 좋았기 때문에 심신이 지칠 대로 지쳐 있었던 시기라 인간적으로 그럴 수도 있지 않을까

하는 생각을 들게 하는 것도 사실이다.

이순신은 조선을 사랑했다. 그리고 조선의 백성들을 사랑했고 지키고 싶어 했다. 하지만 어쩌면 이순신은 조선에서 살고 있는 자신의 가족들을 지키고 싶어 했던 것이 가장 컸을지도 모르겠다. 그에게는 사랑하는 가족이 있었고, 그 무엇보다도 가족을 많이 아끼고 그리워했다.

이순신은 아버지 이정과 어머니 초계 변씨 사이에서 4형제 중 셋째로 태어났다. 이순신의 가족들은 서울을 떠나 어머니의 친정인 아산에 내려와 살았는데, 아마 벼슬에 오르지 못한 아버지는 가족을 부양할 만큼의 생활력도 없었던 것으로 보인다. 이로 인해 남편 대신 가장 역할을 해야 했던 어머니가 고생을 많이 하셨으리라 여겨진다. 이런 어머니를 보며 이순신은 어머니에 대한 애틋함과 안타까움이 가슴에 담겨졌을 것이다.

그가 쓴 《난중일기》를 보면 어머니와 아버지, 그리고 아내와 아이들에 대한 그리움과 걱정이 가득한데 그중에서도 유독 부모님에 대한 부분이 많다. 《난중일기》를 쓸 당시 이순신의 나이가 50세 정도였는데 아버지를 떠나보낸 지 10여 년이 흐른 뒤에도 변함없이 아버지를 그리워하는 내용의 일기가 애절하게 표현되어 있다.

1595년 7월 2일, 오늘은 돌아가신 아버지의 생신날이다. 슬픈 마음이 들어 나도 모르게 눈물이 흘렀다.

1595년 11월 15일, 아버지 제삿날이라 공무를 보지 않았다. 홀로 앉았으니 그리워서 마음을 달랠 길이 없다.

아버지에 대한 애정과 그리움뿐만 아니라, 어머니에 대한 일기 또한 수시로 등장하는데 그는 전쟁 중에도 종종 사람을 보내 어머니의 안부를 살필 만큼 어머니에 대한 사랑이 각별했다.

1592년 2월 14일, 아산 어머니께 문안차 나장 두 명을 내어 보냈다.

1592년 3월 29일, 아산 고향으로 문안 보냈던 나장이 돌아왔다. 어머니께서 편안하시다니 참으로 다행이다.

혹여나, 안부차 보낸 부하가 조금이라도 지체되면 굉장히 근심하며 잠을 제대로 이루지도 못했다.

1595년 5월 13일, 하루 걸릴 탐후선이 엿새나 지나도 오지 않으니 어머니의 안부를 알 수가 없다. 속이 타고 무척 걱정이 된다.

1595년 5월 15일, 새벽 꿈이 어수선했다. 어머니 소식을 들은 지 이레나 되니 몹시 속이 타고 걱정이 된다.

1595년 5월 21일, 오늘은 꼭 본영에서 누가 올 것 같은데도, 당장 어머니 안부를 몰라 답답하다.

1595년 5월 22일, 비로소 어머니께서 편안하시다는 것을 알았다. 다행이다.

혹여 어머니가 아프다고 하는 날에는 이순신은 눈물을 흘리면서 염려하고 슬퍼했다.

1595년 6월 9일, 저녁 무렵에 탐후선이 들어와서, 어머니께서 이질에 걸리셨다고 한다. 걱정이 되어 눈물이 난다.

1595년 6월 12일, 새벽에 아들 울이 돌아왔다. 어머니의 병환이 좀 덜하다고 한다. 그러나 연세가 아흔이신지라 이런 위험한 병에 걸리셨으니 염려가 되고 또 눈물이 난다.

이순신은 아주 엄격한 지휘관이었다. 혹 탈영병이라도 나올 때면 한 치의 망설임도 없이 목을 베어 내걸었으며, 말을 듣지 않는 부하는 결코 가만두지 않았다.

하지만 가족에게 있어 이순신은 따뜻한 가장이자 효자였다. 아내와 자식을 걱정했으며, 늙은 어머니가 입맛이 없다고 하거나 아프다고 하면 걱정하고 눈물을 흘리며 그리움과 염려로 잠을 이루지도 못했다. 그럼에도 그는 나라와 백성들의 고통 또한 외면할 수 없어 전장에 나섰다. 한 가정에서의 가장과 자식의 역할도 중요하지만, 나라에서 자신이 맡은 역할에도 최선을 다했던 것이다.

그런 그에게 청천벽력 같은 일들이 벌어지는데 1597년 4월 11일, 백의종군의 길을 나서는 아들을 찾아 먼 길을 오던 어머니가 배 위에서 돌아가신 것이다. 사랑하는 어머니를 잃었음에도 백의종군 중이었던 이순신은 어머니의 장례도 제대로 치루지 못한 채 4월 19일에 남쪽으로 떠나야만 했다.

1597년 4월 19일, 일찍 길을 떠나며 어머니 영전에 울며 하직했다. 천지에 나 같은 운명이 어디 또 있으랴! 일찍 죽느니만 못하다.

게다가 그의 아들 면이 왜구의 손에 가족들을 지키려다 목숨을 잃게 되는데, 이순신은 백성들을 지키기 위해 나섰지만 정작 가족들은 지키지 못했다는 죄책감에 울부짖는다.

"내 지은 죄가 네 몸에 미친 것이냐? 내 이제 세상에 살아 있어본들 앞으로 누구에게 의지할꼬!"

그는 어떤 심정으로 전장에 나섰을까? 모든 걸 끝내고 싶지는 않았을까? 설사 자살이 아니더라도 죽어도 상관없다는 마음으로 전장에 나서지는 않았을까? 가정을 꾸린 가장이라면 이 심정을 조금은 헤아릴 수 있을 것이다. 가장은 가족을 지키려 할 때 가장 큰 힘이 나는 법이다. 그런데 그 지킬 가족을 잃었다. 그는 무엇으로 힘을 낼 수 있었을까.

이순신은 가족을 잃고나서도 1년 동안 자신이 할 일을 묵묵히, 그리고 성실히 해나갔다. 그리고 1년 후, 전장에서 최고의 승리를 안겨주고 영웅의 모습으로 멋있게 우리의 곁을 떠났다. 그렇게 그는 전설이 된 것이다.

그는 따뜻한 가장이었고, 어머니를 애틋하게 아끼는 효자였다. 조선이 그를 낳고, 그가 조선을 지켰지만, 그로 하여금 조선을 지키게 해준 건 그의 가족들이었던 것이다.

나대용의
고충

'거북선'하면 떠오르는 건 이순신이다. 함선에 올라타 진두지휘하며 왜구를 격파하는 모습이 우리에겐 익숙하다. 그렇다면 거북선을 만든 사람은 누구일까? 필자의 유년 시절을 떠올리면 거북선은 이순신이 만들었다고 배웠었다. 완전히 틀린 말은 아니지만 그는 기술자가 아니었기에 제조를 누가 했는지 궁금해하는 사람들이 많았다. 그래서 이번 장에서는 거북선을 제조한 '나대용'을 재조명하려 한다.

나대용이 대중에게 친근하게 다가온 건 2000년대 들어서 방영된 사극 드라마에서였다. 현대의 직업군으로 살펴보면 그는 '조선공학 기술자'이다. 해양구조물이나 선박을 설계하고 시공하는 사람을 말하며, 이들이 추구하는 창의성은 예술가의 선구안과는 다르다. 수치적인 계산이 동반된 논리적인 결론을 이끌어 내야만 한다. 최근엔 IT융합까지 이뤄져 기구설계뿐만 아니라 전자공학까지 아우를 수 있는 프로그래머가 인정을 받고 있다. 이를 바탕으로 세밀하게 따지자면 나대용은 '선박기구설계 담당자'라 할 수 있겠다.

개발자도 성격에 따라 여러 유형이 있다. 10여 가지 이상으로 분류되지만 대체적으로 '유아독존'형이 많다. 《호남동순록》에 나오는 '거처하는 방의 벽은 거북선 설계도로 덮였고'라는 대목은 그가 얼마나 일에 열정적이었고 몰입했는지를 짐작할 수 있게 한다. 그렇지만 그는 연구에 몰입하기 이전에는 밖에서 뛰어놀기를 좋아하는 평범한 사내였다.

나주에서 태어난 그는 학문뿐만 아니라 말타기와 활쏘기를 즐겨했다고 한다. 그러다 27세의 이른 나이에 무과에 급제하여 훈련원에 들어갔다. 그가 국가를 위해 헌신하고자 했던 것은 정지(鄭地) 장군 때문이었다. 같은 고장 출신으로 어릴 적부터 그의 용맹함을 익히 들으며 자랐다.

젊은 시절 그는 관직을 내려놓고 낙향하여 거북선을 제조하는 일에 몰두하기 시작했다. 왜구의 잦은 침략을 알고 난 뒤, 정지 장군처럼 국가를 위해 도움이 되는 일을 해야겠다는 마음이 강하게 든 것이었다. 하지만 사실 그가 거북선 제작에 뜻을 두게 된 것은 약관의 나이도 되기 전부터였다.

나대용 장군의 13대손인 나갑주 선생은 대대로 내려오는 소년

나대용이 불렀던 물방개 노래를 고이 간직하고 계셨다.

　빙글 빙글 돌아라 잘도 돈다 물방개야

　비바람 거친 파도 걱정일랑 하지마라

　크게 쓰일 장수 나와 낙랑장송 다듬어서

　너 닮은 거북배 바다오적 쓸어낸다.

　(중략)

　방죽골로 돌아간 그는 고려 때부터 이어져온 함선의 문제점을 분석하며 연구했다. 특히 별맹선의 상갑판과 과선의 충격돌기를 합쳐 좌우측 방어에 중점을 두었다. 그리고 다층구조로 된 판옥선에 접합시키면 측면 공격과 방어에 모두 문제없다는 결론을 내렸다. 끝으로 배 앞엔 용머리를 달아서 대포를 발사하게 하고 선미에도 마찬가지로 대포를 장착하도록 구상했다. 그는 사촌동생인 나치용과 모형 제작을 해보며 실물 완성에 한 걸음 다가가게 된다.

　이런 나대용의 이상을 실현시킨 사람이 '이순신'이었다. 평소 덕망이 높기로 소문난 이순신이 전라좌수사로 부임했다고 하자 그는 사촌동생과 함께 먼 길을 달려갔다. 8년이란 시간은 헛되지 않았다. 임진왜란 1년 전인 1591년(선조 24년) 이순신은 해상 방어에 적합한 함선이 필요했다. 나대용은 이순신에게 설계 도안을 펼쳐 보이며 기존에 있던 함선의 문제점과 보완책을 설명했고 그의 신임을 얻게 된다. 이순신은 그의 열정과 헌신을 높이 사 무기제작 책임자인 감조전선에 임명하고 거북선 제작에 박차를 가했다. 1592년 왜란 당시, 이순신이 집필한《난중일기》에는 거북선의 위대함을 기록해 놓았다.

돌격장이 탄 거북선은 또 기함 밑을 뚫고 들어가 총통을 쏘고 배를 깨트리며, 비단 장막과 돛을 쏘아 맞히니 맹렬한 불길이 일어나고 층각 위에 앉았던 왜장이 화살에 맞아 떨어지니 (중략)

하지만 명석한 두뇌로 개발에 헌신했던 나대용이라도 이면적인 모습이 있었다. 임진왜란 끝 무렵 실록에 등장한 나대용은 반드시 파직되어야 하는 인물로 나와 있다. 선조가 그의 공을 높이 사 교지를 내려 치하했음에도 불구하고 사헌부의 눈 밖에 나 떠돌이 생활을 해야 했다. 백성 돌보는 일을 게을리하고 술독에 빠져 산다는 내용이 주를 이루었고 곧 파직을 면치 못했다.

1596년(선조 29년)의 기사에는 장령 윤형이 나대용을 비판한 내용이 눈에 띈다. 그는 강진 현감인 나대용은 사람됨이 간교하고 일을 처리하는 데 주제 넘는다며 아뢰었다. 특히 술과 떡 같은 것을 만들어 백성을 회유하고 말(馬)을 약탈해 뇌물로 썼다고 나와 있다. 이뿐만 아니라 사신을 맞이할 때 수호용 선박을 배정하지 않는 등 불성실한 태도를 꼬집었다.

이에 멈추지 않고 3년 뒤 실록에는 정언 임수정이 와서 나대용의 이름을 들먹였다. 윤형 때보다 더 강경한 어조로 자신만 살찌운다며 비난했다. 파직 뒤 능성으로 발령이 났음에도 불구하고 사무를 하리(下吏)에게 위임하고 백성을 침탈한다며 파직을 간청했다.

　어쩌면 거북선 제조에 너무 몰입한 나머지 전쟁이 끝나자 그에게 끝을 알 수 없는 허탈감이 밀려들어왔을 가능성도 있다. 전쟁터에서 살아남은 군인들이 정상적인 삶을 살아가기 힘들어하듯이 말이다. 하지만 이 같은 행보는 여기서 끝나지 않는다. 광해군 즉위 이후에도 사헌부는 그의 나태함을 찾아낸다. 1610년(광해군 2년) 실록에는 그의 행적에 대해 가장 긴 글이 기재되어 있다.

　남해 현령 나대용은 사람됨이 어리석고 망령스럽습니다. (중략) 게다가 병적으로 술을 탐한 나머지 가는 곳마다 취해 쓰러지고 있으니, 변란을 대비해야 할 관방(關防)의 자리를 이런 자에게 맡길 수는 결코 없는 일입니다. 어렵게 생각하지 마시고 속히 파직을 명하소서.

　기이한 일은 그가 파직을 당하며 이곳저곳을 돌아다닐 때에도 함선 개발에 몰두했다는 사실이다. 1601년, 나대용의 어머니가 돌아가시고 3년 뒤 아버지의 상(喪)을 치렀다. 나대용은 공직에서 물러나 3년상을 마친 뒤 1606년 삼도수군통제사 한효순의 군관이 되어 창선(鎗船)을 만들어 낸다. 창선은 속도가 느린 거북선의 문제를 개선하고 보완한 함선이다. 탑승 인원을 40명으로 대폭 줄였고 창을 더욱 빽빽이 꽂아 돌격선의 면모를 갖추었다. 조정의 불신이 있는 와중에도 정3품 교동수사에 임명되며 실력을 인정받았다. 하지만 사천해전에서 맞았던 탄환으로 인한 상처가 도져서 1612년 끝내 사망에 이른다.

지금은 나대용의 동상을 건립하고 추모하는 단체가 생겨났으며 매해 업적을 기리고 있다. 그러나 거북선이 철갑선인지 아닌지에 따라 의견이 분분한 상태이다. 실록에 나와 있는 '나대용 파직' 건에 따르면 관리자로서 책임을 소홀히 했음은 분명하다. 우직한 성격에 무엇이든 열중하여 문무를 겸비했다는 소개와는 다르게 상이한 부분이 아닐 수 없다. 또한 이순신을 만나기 전 거북선 제조에 몰두했던 그 시기의 자료가 너무 부족한 탓에 무엇을 어떻게 또 누구와 함께 했는지, 그가 정말 어떤 사람이었는지는 여전히 궁금증을 자아내는 부분으로 남아있다.

여러 관점을 종합해보면 나대용은 관리직보다 기술직에 어울리는 위인임에 틀림없다. 10년 전쯤부터 국내 대기업에도 R&D 인력의 관리직과 개발직이 나뉘어졌다. 진급 시 자연스레 관리직이 되는 것과 별도로 개발직에 남기를 선택할 수 있게 되었다. 또한 이공계 출신들의 경영자도 늘어나는 추세다. 선택이 불가피했던 당시 나대용은 분명 내적 혼란을 겪었으리라 예상된다.

최근엔 잠잠해졌지만 불과 몇 년 전만해도 '우수한 이공계 인력 부족'이란 뉴스가 산업인력을 긴장케 했다. 적성에 맞지 않아도 성적에 맞추거나 취업이 잘된다는 이유로 대학을 선택했기 때문이다. 그렇게 졸업하여 입사한 사람에 비례해 퇴사자도 늘어났다. 과거엔 우수한 인력이 해외로 빠져나가 문제였지만 지금은 이공계 선택 자체를 꺼려하고 있는 셈이다.

　나대용이 파직을 당하면서도 함선 개발을 멈추지 않았던 이유는 국가를 위한 헌신 때문이었다. 정지 장군의 위상을 본받아 충무공과 함께 하고자 하는 정신이 있었다. 지금은 국가에 헌신하고자 연구직을 선택하는 사람이 드물다. 그렇기에 복지와 연봉, 연구직에 대한 인식개선이 불가피하다. 최근 강소기업들은 등 돌린 연구직 인원을 충원하기 위해 연봉을 다소 상향 조정한다거나 근속 연수에 따른 복지 혜택을 늘리고 있다. 이제는 기업뿐만 아니라 연구직 종사자도 제2의 나대용을 키우기 위해 인식개선에 힘을 보태야 할 때이다.

사기꾼
김선달

김선달은 배고픈 시절에 베풀기를 좋아했다. 큰돈이 생기면 이집 저집 나누어 주니 남는 게 없었다. 그래도 그딴 푼돈은 얼마든지 벌어들인다는 배짱에 고개를 숙이고 비루하게 다니지 않았다. 그는 아내와 함께 살 집을 구해야 했다. 평양에 발 디딜 곳이 없자 인근 야산으로 향했다. 다행히 버려진 집이 있어 일단 비는 피했지만 사람이 살만한 장소는 못 되었다. 그의 아내는 지붕에서 떨어진 빗줄기와 배고픔에 화가 나 토라져 있었다. 김선달은 아내를 다독이며 평양에서 살 집을 구해오겠다며 으름장을 놓았다.

그는 곧장 한양으로 내려가 술판이 벌어진 곳을 기웃거렸다. 취기가 오른 상대에게 괜찮은 집이 없냐고 묻고 다니자 이내 소문이 퍼졌다. 오랫동안 시간을 허비했다며 돌아가는 그를 붙잡는 사람이 생길 정도였다. 그러면서 서울엔 자신의 집보다 형편없는 것들만 있다며 비아냥거렸다. 그 말에 심기가 불편해진 이름난 관리가 집의 구조를 요목조목하게 설명해 보라며 김선달을 몰아세웠다.

"내 집은 말이오, 좌우측면에는 낙락장송이 우거진 정원이 있고, 집 안에는 항상 물이 출렁이는 연못이 있어 늘 쪽배를 띄워 놓고 있소이다. 게다가 방 안엔 천신이 그렸다는 벽화가 있지요."

관리는 이내 감동하며 그 집을 꼭 보고 싶다고 말했다. 주변에선 그런 집에서 한 번 살아보는 게 소원이라며 웅성거렸다. 김선달은 이 틈을 놓치지 않고 1000냥을 불렀다. 관리는 은근슬쩍 자신의 재력을 자랑하고자 그 집을 당장 사겠다고 말하며 선금으로 500냥을 건넸다. 하지만 며칠 뒤 야산에 있는 집을 본 관리는 화가 잔뜩 나 그의 멱살을 잡았다. 낙락장송은 온데간데없고 지붕이 반쯤 허물어져 짐승도 들지 않을 형상이었기 때문이다. 그러자 김선달은 기다렸다는 듯이 집 안쪽을 가리키며 말했다.

"지붕 위의 산기슭에 울창한 낙랑장송이 보이지 않소? 그리고 눈이 있으면 저 벽을 보시오. 하늘에서 내리는 빗물에 저절로 얼룩져 그려진 저 그림들은 천신이 그린 것이 분명하지. 또 저 기둥과 서까래를 보시오. 저 흰 버섯이야말로 바로 취주악단이 아니겠소?"

관리가 노발대발하며 관가로 끌고 가려 하자 갈 테면 가보라는
식으로 대꾸했다. 관리는 자신이 속았다는 사실이 분했지만, 자신
의 우둔함이 알려지면 안 된다는 생각에 선금으로 건네준 500냥을
그냥 가지라고 하며 입단속을 시켰다. 김선달은 고개를 끄덕인 뒤
아내와 함께 평양에 있는 집을 사러 갔다.

어느 날, 평양에 홍참판이 잠시 머문다는 소식이 들렸다. 박서방
이 이 사실을 김선달에게 전하자 의미심장한 미소를 지었다. 홍참
판은 유명한 장사꾼으로 매점매석의 달인으로 불리던 인물이다. 근
래에는 특산물에 빠져 있어 전국을 돌며 재산을 늘려나가던 찰나였
다. 김선달도 이 소식을 알고 있었기에 조심스레 그에게 접근했다.

"원래 비둘기는 꿩의 고기처럼 맛이 달아 식용으로 널리 쓰이지만,
평양의 특산물인 청라벽의 낭비둘기는 약재로도 훌륭하지요. 머리
가 어질어질하거나 몹시 아플 때 비둘기 골만 먹으면 씻은 듯이 그
칩니다."

김선달은 비둘기가 자주 모이는 산기슭에 홍참판을 데려와 눈으
로 확인시켜 주었다. 그가 뿌린 작은 모래알이 모이인줄 착각한 비
둘기는 이리저리 모였다가 흩어졌다. 살이 오른 두툼한 양 날개가
홍참판의 눈에 들어왔다. 한 마리당 얼마를 받는지 묻자 큰 닭 한
마리 값과 똑같이 받는다고 김선달이 말했다. 비싼 가격이었지만

약재로도 사용할 수 있고 계속해서 번식을 해 나가기에 홍참판은 수익성이 좋다는 판단을 내렸다.

대금을 건네받은 김선달은 인근 백성에게 모두 나누어 주었다. 홍참판은 이 사실도 모른 채 빨리 서울로 돌아가 큰돈을 만지고 싶어 했다. 하지만 김선달이 가르쳐 준 방식으로는 비둘기가 모이지 않았다. 주인이 바뀌어 낯설어 할지 몰라 한참을 기다렸지만 한 마리도 잡을 수 없었다. 결국 힘이 빠진 그는 낭떠러지로 굴렀고 정신을 잃었다. 잠시 뒤 눈을 떠보니 김선달이 내려 보며 크게 비웃고 있었다.

"하하하, 정말 한심한 사람이군. 아, 청류벽의 낭비둘기야 저절로 나서 자라는 것들인데, 주인이 어디 있겠소? 또 그간 비둘기를 팔아먹은 장사꾼이 있었다니 도대체 그게 누구란 말이오?"

홍참판은 그제야 야생 비둘기라는 사실을 알고서 그를 관가에 끌고 갔다. 군소리 없이 따라나선 김선달은 태연한 어조로 감사를 맞이했다. 협잡꾼이라 고래고래 소리 지르는 홍참판이 돈의 행방을 묻자 이미 평양성 사람들에게 나눠주고 없다고 말했다. 그러면서 나라의 관리는 백성을 돌본다고 녹봉을 받으니 산천초목을 가꾸는 백성도 녹을 받아야 하니 이상할 게 없다고 말했다.

김선달은 가공의 인물일 가능성이 크지만 실존 인물인지 아닌지는 알려지지 않았다. 그는 조선 시대의 구전 설화를 엮은 소설집 《신단공안》에 처음 등장했다. 조선 말기의 부패한 정권을 배경으로 했다는 점에서 롤모델이 분명 있었다는 추측에 무게를 두고 있다.

그의 성공 비결은 눈에 번뜩이는 아이디어보다 화술이다. 평범한 물건을 부풀려 과장하거나 아름답게 꾸며내는 문장들이 일품이다. 주변에도 그런 사람이 한두 명쯤 있겠지만 모두 빈말인 경우가 대부분이다. 하지만 김선달의 말하기는 무엇인가 특별하게 느껴진다.

탐관오리들 앞에서 자신감에 넘치는 모습이 인상적이다. 권선징악이란 흔한 소재라도 그의 청산유수 같은 언변을 거치면 흥미롭게 재탄생하는 것이다. 김선달이 웃으면서 하는 말 속에는 삶의 철학이 담겨 있다. 목에 핏대를 세우고 말하지 않아도 촌철살인(寸鐵殺人)으로 다가오는 것이다. 얄밉지만 미워할 수 없는 김선달의 화술을 배워보는 것은 어떨까.

로맨티스트
김정희

추사 김정희.

'추사체'라는 고유명사로 불리는 최고의 글씨와 더불어 '세한도'
와 같은 그림과 시, 산문에 이르기까지 학자로서뿐만 아니라, 예술
가로서도 최고의 경지에 오른 인물이다. 그가 살아있을 때조차 위
조된 글씨가 나돌 정도로 추사체는 명필로 인정받았다.

김정희는 정통 사대부 출신의 자제였다. 집안 좋고, 돈도 많고,
능력도 좋은 요즘 말로 하면 '금수저'라고 할 수 있겠다. 그래서일
까? 김정희의 성격은 그리 호감형은 아니었다. 까칠하고, 거만하고
자신감 넘치는 그런 사람이었다. 그저 잘난 척하는 사람이라면 무
시해버리면 그만이지만, 실제로 잘난 사람이 잘난 척을 하는 거라
반박도 하지 못하겠다.

부족한 것 없어 보이는 김정희이지만 그는 어린 시절 슬픈 일을 많이 겪는다. 김정희는 조선의 명문 집안인 경주 김씨 가문의 김노경의 맏아들로 태어났다. 그리고 그가 8살이 되던 해, 가문의 대를 잇기 위해 아들이 없는 큰아버지 김노영의 양자로 들어가게 된다. 그러나 그가 12살이 되던 해 양아버지인 김노영이 갑작스럽게 세상을 떠나게 되고, 할아버지인 김이주마저 세상을 뜨게 된다. 이후, 김정희는 다시 생부인 김노경과 함께 살게 되었다.

연달아 집안의 큰 초상을 치르고 난 후, 15살이 된 그는 한산 이씨를 부인으로 맞이하게 된다. 경사도 잠시 이듬해에 어머니가 돌아가시고, 그의 나이 20살이 되던 해, 부인 한산 이씨와 사별하게 된다. 그는 12살부터 양아버지, 할아버지, 할머니, 사촌형, 어머니, 배우자 등을 보내며 일상복보다 상복을 더 자주 입어야 했다. 이러한 환경은 그의 글씨와 그림, 학문 등에 영향을 미쳤을 것이다.

김정희는 첫 번째 부인 한산 이씨를 잃고 3년 뒤, 두 번째 부인인 예안 이씨와 재혼한다. 그리고 그녀가 바로 까칠한 김정희를 로맨티스트로 거듭나게 한 주인공이다. 그는 아내에게 연애편지를 자주 써주었는데 지금까지 양반들이 연애편지나 사랑을 노래한 시들은 대부분 기생이나 외간 여자들을 대상으로 쓴 것이었지만, 김정희는 자신의 부인에게 이러한 편지나 시를 써주었던 것이다. 요즘으로 본다면 결혼하고 같이 산지도 꽤 됐지만 여전히 남편이 부인에게 연애편지를 종종 써서 건네주는 것인데, 지금과 비교해 봐도 굉장히 낭만적이지 않을 수 없다.

　게다가 김정희는 아내에게 쓰는 편지에 주로 한글을 많이 사용했
는데 이는 아내가 편지를 읽기에 한글이 더 편할 것이라 배려한 것
으로 보이며, 또한 한자보다 한글이 더 다양한 표현이 가능하기에
자신의 마음을 더 상세히 표현한 것으로 보인다. 그의 편지에는 다
정다감함과 애교가 넘쳐흐르고 있음을 알 수 있다. 김정희의 아버
지 김노경이 경상도 관찰사가 되어 대구로 가게 되자 김정희가 아
버지를 뵈러 대구로 내려간 적이 있었다. 그때 그는 서울에 있는 아
내에게 여러 통의 편지를 보냈는데, 그 내용을 보면 그의 다정함과
애교를 잘 엿볼 수 있다.

　지난번 길을 가던 도중에 보낸 편지는 보셨는지요? 그 사이에 인편이
　있었는데도 편지를 보내지 않으니 부끄러워 아니한 것이옵니까? 나
　는 마음이 심히 섭섭하옵니다.

　대구로 가는 길에 아내에게 편지를 보냈는데 인편이 있었음에도
어찌 자신에게 답장을 보내지 않느냐고, 부끄러워서 쓰지 않았냐며
섭섭하다고 투정을 부리고 있는 내용이다.

　조선 시대에, 게다가 정통 사대부 출신의 선비가, 나이도 서른이
넘은 사내가 자신에게 답장을 보내지 않는다고 아내에게 이런 내용
의 편지를 보낸다는 건 놀라운 일이 아닐 수 없다. 그가 그만큼 아
내를 사랑해서인지, 아니면 겉으로 드러내진 않았지만 아내에게만

큼은 숨겨진 애교를 마구 터뜨리고 있는 건지는 모르겠지만 아무튼 의외의 모습이다.

이 편지 외에도 그가 아내를 생각하는 마음은 여러 편지 곳곳에서 찾아볼 수 있다.

여름 더위가 한창 때오니 부디 참외 같은 것을 많이 잡숫도록 하십시오.

당신이 곧 오시리라 생각되는데 어떻게 차려 오십니까? 어란 많이 얻어서 오십시오. 웃어봅니다.

아내에게 과일을 많이 챙겨 먹으라는 다정함과 이제 곧 아내가 올 것에 설레는 마음, 맛있는 것까지 얻어 오라는 애교는 요즘 시대의 연애하는 남자와 비교해 봐도 손색이 없다.

하지만 이 부부에게도 위기는 찾아온다. 승승장구하던 김정희가 그의 나이 55세에 당파 싸움에서 밀려 제주도로 유배를 떠나게 된 것이다. 당시 그는 대정현에 위리안치(圍籬安置) 하라는 벌을 받았는데 위리안치는 유배지에서 나가지 못하게 가시울타리를 두르고 그 안에 가두는 것이었다.

김정희는 제주도에서 유배 생활을 하면서도 아내에게 꾸준히 편지를 보냈다. 그가 제주도에서 유배 생활을 시작하게 되자 부인인 예안 이씨는 옷과 반찬 등을 만들어 제주도로 보내주었다. 그러나 당시에는 서울에서 제주도까지 쉬지 않고 가더라도 한 달은 걸렸기에 보내주는 음식은 번번이 상하기 일쑤였다. 그럼에도 끊임없이 음식을 보내주는 아내에게 감사의 마음을 전하기도 했다.

나는 요사이 조금 낫게 지내고 음식 먹기도 적이 입맛이 붙어 어느 때처럼 먹고 혹 가다가 고기 맛도 보았소.

이번에 보내오신 반찬은 다 무사히 와 개위를 쾌히 하오니 다행이오나 오히려 분수에 넘치는 듯하여 마음이 도리어 부끄럽습니다.

또한 떨어져 있는 아내의 건강도 염려했다. 그녀는 자신의 건강을 염려하는 김정희에게 매번 괜찮다는 답장을 보냈던 모양이다.

매양 잘 있노나 하시오나 말씀이 미덥지 아니하오니 염려만 무궁하오며 부디 당신 한 몸으로만 알지 마시옵고 이 천 리 해외에 있는 마음을 생각해서 십분 섭생을 잘하여 가시기 바랍니다.

예안 이씨는 늘 잘 있노라 답한 모양이지만 실제 그녀의 몸 상태는 괜찮지 않았다. 그녀는 김정희가 유배를 간 2년 후 무렵 병으로 세상을 떠났다. 그녀의 사망 소식을 뒤늦게 접한 김정희는 무너지는 마음을 통곡하듯 글로 남긴다.

아아! 나는 형구가 앞에 있고 유배지로 갈 때 큰 바다가 뒤를 따를 적에도 일찍이 내 마음은 이렇게 흔들린 적이 없었는데 지금 부인의 상을 당해서는 놀라고 울렁거리고 얼이 빠지고 혼이 달아나서 아무리 마음을 붙들어 매자 해도 길이 없으니 이는 어인 까닭인지요.

아아! 무릇 사람이 다 죽어갈망정 유독 당신만은 죽지 말았어야 했습니다. 죽지 말았어야 할 사람이 죽었기에 이토록 지극한 슬픔을 머금고 더 없는 원한을 품게 된 것입니다.

그래서 장차 뿜으면 무지개가 되고 맺히면 우박이 되어 족히 공자의 마음이라도 뒤흔들 수 있게 되었습니다.

이후, 김정희는 6년을 더 제주도에서 유배 생활을 한 뒤 풀려났다.

그는 57세가 되던 해에 아내를 잃고, 그의 나이 71세가 되던 해 세상을 떠났다. 그는 아내가 떠나고 죽을 때까지 혼자 살았다. 어린 나이에 많은 이들을 먼저 보내고, 결국 사랑하는 아내까지 먼저 보내야만 했던 것이다.

여자를 천하게 여기던 조선 시대에서 자신의 아내를 아끼고 존중하며, 사랑을 표현했던 김정희야말로 이 시대의 진정한 로맨티스트가 아닐까 생각한다. 학문과 예술에 관해서는 자기주장을 굽히지 않는 대쪽 같은 까칠한 사람이었지만, 자신이 사랑하는 사람 앞에서는 한없이 순하고 약한 남자가 바로 김정희였다.

아내가 죽고 난 뒤 그의 슬픔이 얼마나 큰 지는 이 시를 보면 잘 알 수 있다. 이 시는 아내의 죽음을 애도하는 '도망시(悼亡詩)'이다.

　　어떻게 월하노인을 불러내 저승에 하소연하여

　　다음 생에 그대와 내가 몸을 바꾸어 태어날까?

　　내가 죽고 천 리 밖에 있는 그대가 산다면

　　이 슬픈 내 마음 그대가 아시리라.

　　　　　　　　　　– 김정희, 〈도망(悼亡, 죽은 아내를 생각하여 슬퍼함)〉

백성들의
영웅

마패를 보이며 외친다! 부패한 관리, 탐관오리의 치하에서 고통받던 백성들의 영웅이 등장할 때면 언제나 울려 퍼지던 그 소리!

"암행어사 출도야!"

조선에만 존재했던 백성들의 영웅이 있었으니, 그가 바로 암행어사(暗行御史)다.

암행어사는《중종실록》1509년 기록에서 처음 그 모습을 드러낸다. 그리고 400여 년이 흐른 1892년(고종 29년)에 전라도 암행어사로 이면상을 파견한 것을 끝으로 암행어사 제도는 폐지된다.

앞서 말했듯이 암행어사는 오직 조선에만 있었던 제도였다. 공개적으로 지방의 관리들을 감찰하는 제도는 많았지만, 신분을 감추고 홀로 관리들의 비리를 적발하는 암행어사 같은 제도는 오직 조선에만 존재했던 유일무이한 것이었다.

암행어사는 정식 관직이 아니다. 또한 선발 자체도 극비리로 진행되었기에 선발 기준이나 관련 법규도 없었다. 허나 그들은 왕을 대신해 백성들을 만나는 사람이었기에 조건이 까다로울 수밖에 없었다. 기록으로 이래야 한다는 기준은 없었지만 확실한 건 아무나 암행어사가 될 수 있었던 건 절대 아니었다.

일단 암묵적으로 품계가 당하관이어야 한다는 것과 왕 가까이에서 일을 하는 시종신이어야 하는 기준이 있었다. 아무래도 왕의 마음을 잘 헤아릴 수 있어야 하고, 왕의 의도를 제대로 파악할 수 있어야 임무 수행도 잘할 수 있으리라 여겼기 때문이다. 당하관이란 정3품 이하의 품계를 뜻하며, 정3품 이상은 당상관이라 한다. 사극을 보다보면 붉은 옷을 입은 사람과 푸른 옷을 입은 사람이 나오는데, 붉은 옷을 입은 사람이 당상관이고, 푸른 옷을 입은 사람이 당하관이다. 암행어사를 '어사'라고 하는 이유도 당하관에서 임명하는 경우가 많았기 때문에 암행어사라고 하는 것이다. 만약 당상관에서 임명했다면 암행어사가 아니라 암행사라고 불러야 한다.

물론 반드시 당하관에 시종신이어야 한다는 법은 없다. 단지 암행어사의 임무 특성상 젊은 사람이 더 적합하였기에 당하관에서 뽑는 경우가 많았을 뿐이다. 당상관은 대부분 당하관에 비해 나이가 많았기 때문에 한 살이라도 젊은 당하관에서 뽑았던 것이다. 암행어사는 가마를 타고 수행원을 거느리며 다니는 것이 아니라 수행원도 없이 노숙을 해야 하는 경우가 더 많았기 때문에 나이가 많은 이가 이러한 일을 하기에는 아무래도 무리가 있었다. 우리가 암행어사로 가장 잘 알고 있는 박문수도 36세에 암행어사 임무를 수행하기 위해 지방으로 떠났다.

당하관에 시종신이라고 해서 모두 암행어사가 될 수 있었던 것도 아니었다. 초기 암행어사를 임명하는 방식은 왕이 지명하는 방식이었는데 왕이 '소지'라고 불리는 종이에 후보자들을 적어 승정원에 주면 암행어사로 임명되는 방식이었다. 하지만 점차 파견되는 암행어사의 수가 많아지고 또 왕이 그 많은 관리를 직접 뽑을 수는 없었기에 이러한 방식은 사라지고, 의정부가 왕에게 후보자를 추천하는 방식으로 전환되었다.

이렇게 뽑힌 암행어사는 임무를 수행하기 위해 길을 떠난다. 암행어사가 되면 비밀리에 관리 임명 소환장인 '패초'를 받는데, 패초를 받고 난 뒤에는 왕을 직접 만나거나 밀지로 왕이 내린 '봉서'와 '사목', '마패'와 '유척'을 받게 된다.

암행어사가 받은 물건 중 '봉서(封書)'는 임명장이라 할 수 있는데, 크기가 세로로는 57cm 정도이며, 가로는 그 내용에 따라 얼마든지 길어질 수 있었다. 봉서는 암행어사만 받는 것은 아니지만 일반 봉서와는 다르게 비밀유지를 위해 적힌 내용이 보이지 않았으며, 겉에도 받는 사람의 이름이 적혀 있지 않았다. 단지, 남대문이나 동대문 밖을 벗어난 후 열어보라는 글만 적혀 있다.

봉서에는 암행어사가 가야할 지역이 정해져 있는데, 암행어사는 해당 지역이 아닌 다른 지역으로 갈 수 없다. 만약 이몽룡이 춘향이가 있던 남원으로 파견을 받지 못했다면 춘향이를 구하지 못했을 수도 있었다는 것이다.

암행어사가 파견되는 지역은 왕이 직접 제비뽑기로 결정한다. 전국 군현이 적힌 360개의 제빗대를 죽통에 넣어 왕이 직접 제비를 뽑아 파견 지역을 정하는데, 추첨된 지역을 아는 사람은 제비를 뽑은 왕과 이를 어사에게 전달하는 승정원, 그리고 어사 본인뿐이다. 어사가 파견될 지역이 사전에 누출되어 효과를 보지 못하는 일이 많아 이를 방지하기 위해 성종 때부터 이 같은 방식을 실시하였다.

암행어사가 받은 '사목(事目)'은 어사가 임무를 수행하면서 지켜야할 규칙과 임무의 수행 목적이 보다 구체적으로 적혀 있다. 그리고 '마패(馬牌)'는 말 그대로 말을 사용할 수 있는 패다. 조선 시대에는 출장 가는 관원이 주로 역마를 이용하였는데 마패를 증표로 삼았다. 마패를 제시하면 마패에 그려진 수의 말과 역졸들을 사용할 수 있었다. 하지만 암행어사는 주로 신분을 숨기고 움직였기 때문에 실제로 마패를 사용하여 말을 빌리는 경우는 잘 없었다고 한다.

마지막으로 '유척(鍮尺)'은 길이를 재는 자의 일종인데, 이는 도량형을 제대로 시행하고 있는지를 검사하기 위함이다. 암행어사에게는 두 개의 유척이 주어지는데 하나는 죄인을 매질하는 형구의 크기를 통일시켜 크기에 어긋나는 형구를 사용하지 못하게 하여 지방 수령의 형벌 남용을 방지하였다. 그리고 또 하나는 도량형을 통일 시켜 지방 수령이 자의적으로 백성들에게 더 많이 세금을 거둘 수 없도록 하기 위함이었다.

암행어사는 봉서와 사목을 받으면 바로 출발해야 한다. 암행어 사는 시종관을 거느리는 것이 금지되어 있었는데 시종관은 마당쇠, 방자 같은 노비가 아니라 군관을 뜻한다. 그저 시종 한 명 정도를 데리고 다닐 수 있었다. 또한 본인의 신분을 숨겨야했기 때문에 거 의 거지처럼 하고 다녔다.

하지만 암행어사는 반전의 멋이 있다. 천민처럼 행세하다가 어 느 순간 "암행어사 출도야!"를 외치는데, 출도는 파견된 지역에 한 해서만 가능했다. 어사가 출도를 부르면 원하는 시간 언제나 수령 과 이방, 형방 등이 모이게 되는데, 수령은 이들과 함께 암행어사를 영접해야 하는 의무가 있었다.

어사가 출도할 때 입는 제복은 따로 없다. 그저 공복 차림이면 된 다. 종종 사극에서 보면 암행어사가 출도를 외칠 때 연두색 옷에 어 사화를 쓰고 나오는데 이건 잘못된 것이다. 이 옷은 '앵삼'이라 하여 과거 급제를 했을 때 입는 옷과 모자다. 실제 암행어사가 출도를 할 때는 당하관의 관복인 청색 옷을 입는다.

일단 출도를 하면 어사는 공물이나 세금 등을 기록한 장부 등의 문서를 확인하여 불법 유무를 적발한다. 암행어사에게는 봉서에 의 한 권한과 봉고파직권이 있지만, 봉서와 사목에 기록되어 있는 내용 외에는 규찰하지 못한다. 특히, 조선 후기에 어사를 많이 파견하면서 같은 지역에 여러 명의 어사가 서로 출도하는 문제가 생겼기 때문에 결정된 지역 외의 감찰은 엄격히 금했다.

불법 문서가 발견되면 즉시 창고 폐쇄 조치인 '봉고(封庫)'를 한다. 어사의 마패를 관인으로 사용했기 때문에 큰 종이에 '봉고'라는 두 글자를 쓰고 마패로 도장을 찍어 창고 문에 붙인다. 봉고가 된 창고는 군관이 지키고 어사의 허락 없이는 아무도 접근할 수 없었다. 또한 부당한 죄수를 풀어주고 민원을 접수하여 잘못된 것을 바로 잡아주기도 하였다. 이러한 과정은 대개 삼사일 정도 걸리며 모든 임무를 완수한 암행어사는 서둘러 귀환한다.

귀환한 암행어사는 '서계'와 '별단' 각 한 통씩을 왕에게 제출해야 한다. '서계(書啓)'는 감찰한 지역에서 봉서와 사목에서 지시한 대로 임무를 수행한 기록을 편지 형식으로 정리한 것이며, '별단(別單)'은 서계에 첨부되는 부속서류로 민정과 군정 전반에 관한 문제와 방책, 민생고, 효자, 효부, 열녀들의 추천이나 토호 등의 실상을 기록한 문서다.

이런 식으로 암행어사는 왕을 대신해 지방 관리들을 감찰했으며, 지방의 현황들을 왕에게 보고했다. 백성들에게는 한줌의 빛이었고, 왕에게는 귀와 눈이 되어 주었으며, 지방의 부패한 관리들에게는 저승사자였다.

비록 당파 싸움과 부정부패에 암행어사는 사라지고 말았지만,

이 시대에 다시 한 번 그 모습을 볼 수 있었으면 하는 생각이 든다. 백성들의 가장 가까운 곳에서 그들의 이야기를 듣고, 보란 듯이 악을 심판하는 그 정의로운 모습이 그리워지는 요즘이다.

율곡과
유지

조선 시대에는 역사의 한 획을 그은 명망 있는 선비들이 많이 배출되었다. 가히 그 수를 손으로 꼽을 수도 없을 만큼 유능한 인재들이 많았는데, 이러한 선비들의 말벗이자 연인으로 사랑받은 이들이 있었다.

해어화(解語花): 말을 알아듣는 꽃, 바로 기생을 뜻하는 말이다.

함께 술을 마시고, 시를 주고받으며, 때로는 애틋한 정을 쌓기도 한 이들. 기생이었기에 선비들과 이러한 관계를 가지면서도 어떠한 책임감과 의무도 지어주지 않았지만, 사람과 사람의 만남이었기에 진정한 사랑에 빠진 이들도 생기기 마련이다.

이황과 두향, 선비 유희경과 부안 기생 매창, 최경창과 함경도 기생 홍랑, 그리고 우리가 너무 잘 알고 있는 송도삼절의 하나로 알려진 황진이와 서경덕의 이야기 등. 기생과 선비와의 사랑 이야기는 종종 전해지고 있다.

그리고 이번에는 10만 양병설의 율곡과 평생 그를 그리워했던 기생 유지에 관한 이야기를 해볼까 한다. 현재 이화여대 박물관에는 600자의 장문 연서가 한 장 보관되어 있다. 그 연서를 쓴 사람은 율곡이며, 그의 애틋한 마음이 향하고 있던 이는 기생 유지였다.

1536년, 사헌부 감찰을 지낸 이원수와 신사임당의 셋째 아들로 태어난 율곡은 조선의 천재이자 대학자였다. 그는 13세의 나이로 진사시에 합격했으며, 1564년에 실시한 대과에서 문과의 초시, 복시, 전시에 모두 합격하여 삼장장원(三場壯元)으로 불렸다. 생원시, 진사시를 포함하여 응시한 아홉 차례의 과거에 모두 장원으로 합격하여 사람들에게 구도장원공(九度壯元公)으로 불릴 만큼 그는 자타 공인 인정받는 인재였다.

그러나 유지는 율곡과는 다른 삶을 살았다. 유지의 부친은 선비이고, 모친은 양가집 여인이었으나 어려서 부모님을 잃고 기생의 길에 들었다. 그렇기에 유지는 기생이었지만 자존심이 강했으며, 율곡의 마음을 얻을 정도로 현명했을 것이라 사료된다.

율곡과 유지가 처음 만난 것은 선조 7년인 1574년, 39살의 율곡이 황해도 관찰사로 부임되면서부터이다. 그곳 황주에서 평소 자신을 존경해 왔다던 기생 유지를 만나게 된다. 유지를 처음 만난 율곡은 유지가 선비의 딸이었음에도 부모를 여의고 기생이 된 것을 가엾게 여겨 유지를 취하지 않고 그저 예뻐해 주었다고 한다. 이에 유지는 크게 감동하여 이때부터 율곡을 마음에 품게 된다.

유지는 선비의 딸이다. 황주 기생으로 떨어져 있더니 내가 황해도 감사로 갔을 적에 동기로 수종 들었는데, 날씬한 몸매에 곱게 단장하여 얼굴은 맑고 머리는 영리하므로, 내가 쓰다듬고 어여삐 여기긴 했으나, 처음부터 정욕의 뜻을 품지는 아니했었다.

이후 임기가 다 된 율곡이 서울의 집으로 돌아간다. 그럼에도 유지는 율곡에 대한 마음을 접을 수가 없어 언젠가 다시 모시겠다는 생각으로 기생임에도 수절을 하며 율곡을 기다린다.

율곡은 다시 홍문관 부제학으로 임명되고, 이듬해 10월 해주에 '청계당'을 짓고 지낸다. 그러면서 황주에 사는 누이를 보러 종종 가곤 했는데 이때마다 유지를 만나 함께 시간을 보낸다. 율곡은 이후로도 복직과 사직을 반복하면서, 유지와도 만남과 이별을 반복했다. 이때마다 율곡은 유지를 한 번도 안지 않았다. 율곡이 유지에게 준 '시'에서 자신이 '병들고 늙었기' 때문이라고 말하지만, 처음 그가 유지를 만났던 나이가 30대였기에 딱히 건강 상태 때문만은 아니라고 보인다. 자신이 유지를 취함으로 인해 유지가 받을 상처와 이후 유지의 삶을 염려했기 때문이라 여겨진다.

예쁘게도 태어났네 선녀로구나.

십년을 서로 알아 익숙한 모습

돌 같은 사내이기야 하겠나마는

병들고 늙었기로 사절함일세.

　율곡이 48세가 되던 해, 그는 명나라 사신인 '황홍헌'을 맞이하는
원접사로 파견되어 평양으로 가는 길에 다시 유지를 만나게 된다.
그날 밤, 유지는 율곡이 머물고 있는 침소로 들어가는데, 어린 티
를 벗은 유지는 너무나 아름다웠다. 그날 유지는 율곡을 모시고 싶
어 했으나, 율곡은 이를 받아들이지 않으며 그녀를 취하지 않은 채
다음 날 떠났다. 이에 유지는 더욱 율곡을 잊지 못하고 그리워했다.

　내가 원접사가 되어 평안도로 오고 갈 적에 유지는 매양 안방에 있었
　지마는, 일찍이 하루도 서로 가까이 하지는 아니했었다.

　해가 바뀌어 율곡은 황주에 있는 누님 집을 가려다 해주에 들려
유지를 다시 만나 같이 술을 나누며 시간을 보냈다. 그리고 나서 황
주로 갔다가 돌아오는 길에 해주 근처 강마을에 이르러 한 절을 찾
아 그날 밤을 보내고자 하였는데, 이를 알고 유지가 율곡이 있는 절
의 침소까지 찾아왔다.

　이때도 율곡은 계속 청을 하는 유지를 받아주지 않았다. 그저 둘
은 밤을 새며 서로 이야기만을 나누었다고 하는데, 유지의 애끓는

마음에 혹여 상처가 될까 염려한 율곡은 위로의 글로 시를 지어 유지에게 전해 주었다고 한다.

문을 닫는 건 인정 없는 일
같이 눕는 건 옳지 않은 일
가로막힌 병풍이야 걷어치워도
자리도 달리 이불도 달리

은정을 다 못 푸니 일은 틀어져
촛불을 밝히고 밤새우는 것
하느님이야 어이 속이리.
깊숙한 방에도 내려와 보시나니

이듬해, 율곡은 생을 마친다. 율곡이 세상을 떠나자 유지는 율곡의 묘 앞에서 홀로 3년상을 치른다. 이후 유지는 율곡과 함께 머물렀던 절에 들어갔다는 설도 있지만, 정확히 그 후의 유지의 삶에 대해 아는 이는 없다.

율곡은 유지가 자신이 아닌 다른 남자와 행복한 삶을 살기를 바랐다. 그래서 혹 자신이 유지를 취한 것으로 그녀가 불행해질까를 염려하여 끝내 그녀를 안지 않았다. 그런 율곡의 마음을 유지는 잘 알고 있었기에 어쩌면 더욱 율곡에게 마음을 주었을지도 모른다. 비록 율곡과 유지의 이야기가 율곡이 남긴 연서와 시를 통해서 알 수 있는 것이 전부이지만, 그것만으로도 그들의 사랑이 얼마나 순수했고 애틋했는지 충분히 알 수 있다.

　서로가 사랑하고 사랑받았지만, 그렇기에 함께하지 못했던 아프지만 설레는 그들의 이야기. 율곡이 남긴 시처럼 지금쯤 그들은 어딘가의 무엇이 되어 다시 만나 아낌없이 사랑을 나누고 있을까?

　마음을 거두어 근원을 맑히고

　밝은 근본으로 돌아갈지라.

　내생이 있단 말 빈말이 아니라면

　가서 저 부용성에서 너를 만나리.

신인선과
허초희

신인선은 신사임당의 본명이다. 강릉에서 신명화의 5녀 중 둘째로 태어났다. 기묘사화를 겪고 은거한 부친으로부터 성리학 교육을 받았으며, 처가살이의 경험이 있던 아버지 신명화는 재능이 많은 둘째 딸을 위해 사위에게 처가살이를 권했고, 그 덕에 사임당은 혼인을 했지만 친정에 머물렀다.

허초희는 허난설헌의 본명이다. 경상도 관찰사를 지낸 허엽의 셋째 딸로 강릉에서 태어났다. 재능을 알아본 오빠들의 사랑과 도움으로 큰 오빠의 친구인 이달에게 시와 학문을 배웠고 어려서부터 천재적 기질을 드러냈다. 15세에 안동 김씨 김성립에게 시집을 가고 시댁에 머물렀다.

이 둘의 삶은 60여 년의 차이를 두고 있다. 닮은 듯 닮지 않은 그녀들의 삶. 둘은 모두 재능이 있었고, 재능을 발휘하며 살았다. 그리고 지금까지 많은 이들의 사랑을 받고 있다.

신사임당은 친정아버지가 돌아가시자 아들이 없던 집안의 딸로서 파주 시댁과 강릉 친정집을 오가며 친정어머니를 모셨다. 학문과 재능이 뛰어난 부인을 존중해 주는 남편과의 사이에서 5남 2녀를 두었고, 친정어머니마저 돌아가신 후에는 파주 시댁에서 시어머니를 모시고 살았는데 고부 사이도 좋았다고 한다.

그녀는 열아홉의 나이에 혼인하기 전까지 늘 그녀의 재능과 솜씨를 칭찬받으면서 자랐다. 누구든 자신의 능력을 인정해 주고 믿어주는 사람과 함께 자란 것이다. 그녀의 어머니 역시 시집을 간 후에도 친정에서 지냈기 때문에 고부갈등 때문에 힘들어하는 것도 못 보며 자랐고, 여자로 태어나서 천대받는 모습을 보지도, 겪어본 적도 없었다. '여자라서 안 돼!', '여자라서 불행해!'라는 생각 따윈 해 본 적이 없었던 것이다.

하지만 허난설헌은 달랐다. 그녀는 아버지 허엽이 당대 최고의 문장가였음에도 불구하고 여자아이는 배울 필요가 없다하여 그녀를 가르치려 하지 않았다. 그래서 그녀는 어깨너머로 스스로 글을 깨우쳐야 했다. 그녀의 재능을 발견한 오빠 허봉이 친구인 이달에게 부탁하여 그녀와 허균을 가르치게 했지만 몰래 배우는 것일 뿐 정식으로 그녀가 가르침을 받을 수는 없었다. 말 그대로 차별적이고 소외된 교육을 받은 것이다.

결혼을 한 후에도 배려가 부족하고 그릇이 작은 남편의 몰이해와 외도가 허난설헌을 괴롭혔다. 게다가 시어머니와의 고부갈등도 심했으며, 남매를 두었지만 어린나이에 병사하고 임신한 아이도 잃게 된다. 허난설헌은 마음을 붙일 수 있는 곳이 없었다.

신사임당은 1551년 마흔여덟의 나이로 갑작스럽게 세상을 떠났다. 하지만 그의 아들 율곡이 당대의 대학자로서 서인의 종주이자 노론의 학문적 시조가 되면서 그녀는 부덕의 상징, 현모양처의 모범으로 칭송되었다. 율곡과 더불어 시와 서화로 유명한 5남 이우, 시와 그림에 능한 소사임당 이매창을 잘 키웠다 하여 훌륭한 '자녀 교육'으로 존경을 받고 있다. 남편의 단점까지 모두 감싸 안는 현명한 아내로, 자식들에게는 엄격하고 자애로운 어머니로 오랫동안 많은 이들의 존경과 사랑을 받고 있다.

허난설헌은 자신의 세 가지 한에 대해 말했다.

"그 첫 번째가 작은 나라 조선에서 태어난 것이오, 두 번째가 여자로 태어난 것이오, 마지막 세 번째가 김성립 같은 남자와 결혼한 것이다."

이것만 봐도 그녀의 결혼 생활이 얼마나 고단했는지를 느낄 수 있게 해준다. 허난설헌은 뛰어난 재능과 빼어난 외모를 가졌으나 남편은 이를 존중해 주지 않았다. 동생 허균은 김성립을 가리켜 '제대로 혀도 놀리지 못하는 자'라고 할 만큼 관계가 좋지 않았다. 자신의 매형임에도 그렇게 말할 정도면 부부 사이가 상당히 좋지 않았음을 짐작할 수 있다.

허난설헌은 27세의 나이로 일찍 세상을 떠났다. "오늘 연꽃이 서리를 맞아 붉게 되었다"는 말을 남기고 자신의 작품을 모두 태워달라는 유언을 남겼다. 그리고 그녀의 유언에 따라 그녀의 작품은 모두 불태워졌다.

지금 우리가 알고 있는 그녀의 작품은 이를 안타깝게 여긴 동생 허균이 친정에 남아있던 그녀의 작품들을 모았고, 그녀의 작품을 명나라로 가져가 문집(난설헌집)을 출간하였다. 그 책이 명나라에서 널리 알려지면서 극찬을 받았고, 1711년 일본에서도 문집이 간행되어 당대의 여류시인으로 국제적 명성을 얻게 된다. 300여 수의 시 중 213수가 전해지고 있으며, 서예, 그림도 인정받고 있다.

신사임당은 결혼하기 전에 본인이 직접 '사임당'이라는 호를 지었다. 주나라 문왕의 어머니 태임을 본받겠다는 의미로 다시 말해 자식을 훌륭하게 키워낸 태임처럼 좋은 어머니가 되겠다는 뜻이다.

허난설헌의 호 '난설헌'은 난초 난(蘭), 눈 설(雪), 추녀 헌(軒)자를 쓰는데, 무슨 뜻으로 이리 지었는지는 알려지고 있지 않다. 아마 난초에 눈이 가만히 쌓인 평온하고 따스한 자신만의 집에 살고 싶다는 그녀의 바람은 아니었을까?

존경받는 어머니로서 인정받은 신사임당. 뛰어난 재능과 작품으로 인정받은 허난설헌.

그녀들은 다르지만 닮아 있다. 하지만 당시의 평가도 달랐으며 삶도 달랐다. 어쩌면 지금이라면 신사임당보다 허난설헌이 더 존경받고 사랑받았을지도 모를 일이다.

400여 년이 지난 지금, 21세기 여성들의 삶은 어떠한가? 모두 다른 환경, 다른 재능으로 다양한 삶을 살고 있다. 여전히 가족이란 이름으로 고통 받고 있는 이도 있으며, 여자라는 이유로 사회에서 차별을 받기도 한다. 우리는 '신사임당'과 '허난설헌'을 기억하면서도, 21세기의 '신사임당'과 '허난설헌'이 능력을 펼치는 것을 방해하고 있는지도 모른다.

역사는 지금을 바꿀 수 있는 기회를 주고, 현재를 돌아볼 수 있는 계기를 만든다. 더 나은 내일을 위해, 미래의 신사임당과 허난설헌을 위해 깨어 있도록 하자.

세종대왕의
28자

'베스트'

지금 한글로 표기한 '베스트'라는 단어는 최고를 뜻하는 'Best'일까? 아니면 조끼를 뜻하는 'Vest'일까?

'파인'

이 단어는 좋다는 의미의 'Fine'일까? 소나무를 뜻하는 'Pine'일까?

세계에서 가장 우수한 문자라 칭송받는 한글임에도 이러한 구분이 쉽사리 되지 않는다는 점은 의외다.

우리는 현재 자음 14개, 모음 10개로 총 24자의 한글을 배운다. 훌륭한 표음문자인 한글은 이 24개의 글자로 조합해 내지 못하는 소리가 없다고 한다. 그럼에도 앞서 말한 '베스트'와 '파인'의 글자를 구별조차 제대로 하지 못하니 정말 그러한가 하는 합리적 의심이 드는 건 어쩔 수 없다.

그러나 실망하기 전에 먼저 알아야 할 사실이 있다. 지금 우리가 배우는 자음과 모음 24자는 창제 당시의 문자 그대로의 한글이 아니라는 점이다. 세종대왕이 훈민정음을 창제했을 당시에는 24자의 한글을 반포하지 않았다. 세종대왕, 그가 반포한 글자는 총 28자의 훈민정음이었다.

훈민정음을 연구하는 반재원 소장은 훈민정음의 28자는 28수 천문도를 배경으로 하고 있다고 자신의 연구 결과에서 밝혔다. 우리나라의 천문 사상은 동서남북에 각각 7개의 별자리를 배치해 모두 28개의 별자리로 하늘을 상징한다고 덧붙였다.

《조선왕조실록》의 기록에 의하면 1433년, 세종대왕이 직접 28수의 거리와 도수를 일일이 측정해 천문학자인 이순지에게 석판에 기록하라고 명하였다고 한다. 당시 세종대왕은 혼천의, 자격루, 앙부일구 등 다양한 천문, 계측 기구를 발명했다. 그리고 10년 후, 훈민정음을 완성시켰다.

이러한 부분을 연관시켜 생각해 본다면 세종대왕이 천문학에 근거하여 훈민정음을 창제했다는 주장도 충분히 일리 있는 주장이라고 여겨진다.

세종대왕은 '백성을 가르치는 바른 소리'란 뜻으로 훈민정음을 만들었다. 세종대왕이 우리 고유 글자인 훈민정음을 만들어 백성들에게 알려주려 했던 마음을 생각해 본다면 28개의 글자를 하늘을 보는 학문인 천문학에 근거하여 명나라의 하늘이 아닌, 조선의 하늘을 백성들에게 선물해 주고 싶었던 건 아닐까 하는 생각이 절로 든다.

28자였던 글자는 현재 24자 만이 사용되고 있다. 그렇다면 사라진 4글자는 어떤 글자였을까? 먼저 사라진 4글자에 대해 알아보도록 하자.

1. 아래아 ' ﹒ '

'아래아'라고 불리는 ' ﹒ '은 가장 늦게 사라진 글자이다. 아래아는 하늘의 소리를 뜻하는 글자로서 발음은 'ㅏ'와 'ㅗ'의 중간 정도이다. 영어 발음을 할 때 가장 유용한데, 'drug'을 읽을 때의 'ㅓ' 발음보다 아래아를 사용한다면 완벽하게 읽을 수 있다.

아래아는 일제가 한국인의 긍지를 빼앗기 위해 없앴다는 주장이 있다. 아래아는 하늘의 소리를 뜻하니 남자의 상투를 가리키며 하늘을 지칭한다고 알려져 있기에 제거 대상이 됐다는 것이다.

2. 옛이응 'ㆁ'

'옛이응'으로 불리는 'ㆁ'은 현재 사용하고 있는 'ㅇ'과 뒤섞여 사용되고 있다. 현재의 이응은 원래 훈민정음에서 발음되지 않는 문자로 옛이응이 지금의 이응과 같은 역할을 담당했었다. 그러나 옛

이응이 사라지게 되면서 지금의 이응이 옛이응의 역할까지 하게 되었다.

3. 여린히읗 'ㆆ'

'여린히읗'으로 불리는 'ㆆ'은 'ㅎ'보다는 약하고, 'ㅇ'과도 다르지 않은 발음으로 가장 먼저 사라진 글자다. 훈민정음이 널리 보급되지 않은 상황에서 비슷한 글자들을 하나로 합쳐서 사용했기 때문인데 영어 발음 중 묵음과 같은 'cotton'을 읽을 때 여린히읗을 쓴다면 완벽하게 표현하여 읽을 수 있다.

4. 반치음 'ㅿ'

'반치음'이라고 불리는 'ㅿ'은 영어의 'z' 발음으로 알려져 있다. 쉽게 발음할 수 없고, 'ㅅ', 'ㅈ'과 비슷하기 때문에 위치가 애매했다. 발음은 잘 하지 않고, 글자로 표기만 하다가 더는 쓰지 않게 되었다. 영어 발음 중, 'zebra'를 읽을 때 반치음을 사용하면 완벽히 표현해 읽을 수 있다.

지금은 사라진 이 4자까지 모두 포함하여 28자의 한글을 사용한다면 영어, 일본어, 중국어를 비롯하여 아랍어, 힌디어, 몽골어, 네덜란드어, 루마니아어 등 21개국의 언어를 완벽하게 표현, 표기할 수 있다. 왜 한글이 모든 소리를 표현할 수 있는 문자인지, 세계에서 가장 우수한 문자라고 하는지 이제는 이해할 수 있을 것이다.

왜 한글이 국제 공용어로 충분한 지도 스스로 납득할 수 있는 대목이기도 하다.

어쩌면 세종대왕은 세상이 세계화가 될 것이란 예상을 했을 지도 모르겠다. 백성들이 우리말만 쉽게 배우고 사용할 수 있게 하는 것이 아니라, 세계의 다양한 언어를 쉽게 배우고 사용할 수 있도록 한 건 아니었을까?

조선의 백성이 세계 누구보다 살기 편한 백성이 되게 하기 위함이요, 조선이 세계 어느 나라보다 부강하고 뛰어난 나라가 되길 바라는 마음에서 말이다.

지금도 많은 학자들이 사라진 이 4글자를 다시 사용해야 한다는 주장을 하고 있다. 사라진 4글자를 합친 28자여야 비로소 세종대왕이 진정 추구하고 전해주려 한 온전한 우리 말, 우리 글자라면서 말이다.

조선에 대한 자료를 찾다보면 세종대왕의 업적을 쉽게 만날 수 있다. 그리고 그럴수록 세종대왕의 애민정신을 느낄 수 있다. 글자 개수를 떠나 훈민정음에는 백성들이 자신의 뜻을 쉽게 펼칠 수 있게 한 세종대왕의 진심이 깃들어 있다.

충무공 이순신과
무의공 이순신

정원에 하교하기를,

"바다와 육지의 여러 장수들이 여러 해 동안 방수(防戍)하며 적과 대치하느라 그 고생이 대단하다. 그런데도 물품을 내려주어 내 뜻을 보이지 못했다. 지금 이계명이 내려갈 적에 이엄(耳掩)을 보내어 여러 장수들에게 나누어주고자 하는데 누구 누구에게 주어야 할 것인지를 모르겠으니, 비변사에 문의하라."

하니, 비변사가 회계하기를,

"각처 육지와 바다의 여러 장수들이 여러 해 동안 노천에서 수고한 정상은 이루 형언할 수가 없습니다. 다만 편비(褊裨) 이하는 두루 지급할 수 없으니 주사(舟師) 중에는 통제사 이순신(李舜臣), 경상 우수사 원균(元均), 전라 우수사 이억기(李億祺), 충청수사 이순신(李純信)이

166

각도의 주장(主將)이니 의당 나누어 지급해야 될 것이요, 육군의 경우는 도원수 권율(權慄), 순변사 이빈(李薲), 경상 병사 고언백(高彦伯)·김응서(金應瑞), 방어사 권응수(權應銖), 경상 좌수사 이수일(李守一), 전라 병사 이시언(李時言)에게 함께 은사(恩賜)를 내리는 것이 합당할 듯합니다. 또 전 수사 정걸(丁傑)은 80세의 나이로 나라 일에 힘을 바치려고 아직도 한산도(閑山島) 진중(陣中)에 머물러 있다고 들었습니다. 이 사람에게도 아울러 은사가 내려진다면 군사들의 마음이 필시 감동될 것입니다."

위 내용은 《조선왕조실록》 선조실록 55권, 선조 27년 9월 21일의 기록 중 일부다. 이 기록에는 임진왜란으로 바다와 육지에서 성과를 이루고 고생한 장수들에게 물품을 내려 노고를 치하하라는 내용이 담겨져 있다. 그런데 내용을 가만히 살펴보면 익숙한 이름이 눈에 보인다. 바로 '이순신'이다.

명량대첩의 주인공인 통제사 이순신은 누구나 잘 아는 인물이라 눈에 쉽게 들어온다. 그런데 익숙한 이름 이순신을 지나쳐 좀 더 가만히 읽다보면 또 다시 '이순신'이라는 이름이 눈에 들어온다. 충청수사 이순신.

《조선왕조실록》에서 말하는 통제사 이순신(李舜臣)과 충청수사 이순신(李純信). 노량해전에서 이순신(李舜臣)이 숨지고 난 뒤, 충무공 이순신의 유지를 이어받아 끝까지 노량해전을 승리로 이끈 이순신(李純信). 이순신(李舜臣)의 이순신(李純信) 이야기를 시작해보자.

무의공 이순신(李純信). 자는 입부(立夫), 시호는 무의공(武毅公). 봉호는 완천군으로 충무공 이순신(李舜臣)과 이름은 같지만 한자는 다르다. 무의공 이순신은 충무공 이순신과 이름의 한글이 같을 뿐만 아니라, 충무공 이순신과 함께 임진왜란, 정유재란에 참전하여 승리를 이끌어낸 무장이다. 충무공 이순신에 비해 많이 알려지지 않았지만, KBS 대하드라마 〈불멸의 이순신〉에서 무의공 이순신이 등장하면서 대중적으로도 알려지기 시작했다.

무의공 이순신은 1554년생으로 1545년생인 충무공 이순신보다는 9살이 적다. 그는 1578년, 뛰어났던 말타기와 활쏘기 실력으로 무과에 급제하였다. 특히 활쏘기에 능했던 무의공은 경연에서 우수한 성적을 거두면서 선조의 눈에 들었다. 선조의 총애를 받은 그였지만 그에 비해 삶은 그리 평탄하지 못했다.

충무공과 마찬가지로 그 역시 타협을 모르는 성정으로 많은 정적을 두고 있었다. 선조의 총애를 받았음에도 그리 주목받지 못한 이유이기도 하였다. 허나 충무공에게 류성룡이 있었다면 무의공에게는 대학자인 김성일이 있었다. 류성룡이 그러했듯 김성일은 무의공의 능력을 높이 사 그를 적극적으로 추천했다.

1591년, 무의공은 방답진첨절제사가 되어 부임하게 되는데, 충무공이 전라좌수사로 부임하며 그 둘의 만남이 이루어지게 된다. 이때부터 충무공의 《난중일기》에서 무의공 이순신에 대한 이야기가 자주 등장하기 시작한다. 이러한 점을 보면 충무공은 무의공을 첫 만남 때부터 눈여겨보며 아꼈던 것으로 여겨진다.

무의공 역시 그에 보답이라도 하듯이 충무공을 따라 해전에 적극적으로 나서 승리를 거두는데 크게 일조한다. 옥포해전, 합포해전, 고성해전, 노량해전, 사천해전 등에 출전하였으며 당항포해전에서도 승리에 크게 일조하였다.

충무공은 무의공의 전략을 따를 정도로 그를 믿고 신뢰했다. 무의공은 해상 전투에서 배를 타고 도망치던 일본군을 공격해 파괴했으며, 일본군 장수를 활로 명중시켜 떨어뜨렸다. 무의공은 일본군의 적선을 빼앗아, 일본군의 〈분군기〉를 노획하기도 했다. 〈분군기〉란 일본군 3040명이 자신의 이름 밑에 피로 서명한 문서를 뜻한다.

1592년 9월 1일, 부산포해전에서도 무의공 이순신은 선봉으로 참전해 일본군을 대파했다. 그러한 공로에도 불구하고, 다른 장수들과 달리 무의공이 제대로 된 평가를 받지 못하자 이를 안타깝게 여긴 충무공 이순신이 조정에 다음과 같이 장계를 올렸다.

"많은 장수들 중에서도 순천 부사 권준, 광양 현감 어영담, 흥양 현감 배흥립, 녹도 만호 정운, 그리고 방답 첨사 이순신(李純信) 등은 특별히 신뢰할 수 있어 함께 죽기를 약속하고 모든 일을 같이 의논하고 계획을 세웠습니다. 그런데 권준과 다른 장수들은 모두 당상관(堂上, 정3품 절충장군 이상)으로 승진했는데, 이순신(李純信)만이 은혜를 입지 못했습니다."

충무공의 장계 덕분에 무의공 역시 큰 상을 받을 수 있었다. 이처럼 충무공 이순신은 무의공 이순신을 신뢰했다. 장계에서 나타나듯이 항상 함께 목숨을 걸었다. 그리고 실제로 1598년, 노량해전에 충무공 이순신과 무의공 이순신은 함께 참전하였으며, 이 전투에서 충무공 이순신이 전사하며 무의공 옆에서 삶을 마감했다. 그리고 그 충무공의 유지를 이어받아 무의공 이순신은 노량해전을 끝까지 승리로 이끌었다.

충무공은 무의공을 아꼈고, 무의공은 충무공을 존경했다. 원균이 이순신을 비판할 때 "너에게는 다섯 아들이 있다"라는 말을 했는데, 그 다섯 아들이라고 칭한 사람 중의 한 사람이 무의공이었다. 다섯 아들은 이순신과 동고동락했고, 아버지와 아들의 관계처럼 긴밀했던 사람들을 뜻하는데 순천 부사 권준, 녹도 만호 정운, 흥양 현감 배흥립, 광양 현감 어영담, 그리고 방답 첨사 무의공 이순신이 그들이다.

충무공 이순신이 세상을 떠나고, 무의공 이순신은 파직과 복직을 반복하는 등 방황(?)을 하게 된다. 포도대장이 되었지만 무고한 사람을 장살(杖殺)했다고 해서 파직되었고, 이후 병마절도사에 임명되었지만 얼마 되지 않아 파직되고 만다. 이후 수원 부사가 되었다가 또 다시 파직됐다. 무의공이 파직과 복직을 한 데에는 그를 음해하거나 모함한 정적이 있었던 것으로 추측되지만 다혈질적인 그의 성격도 한몫했을 것이다. 무엇보다 음해하던 무리를 막아주던, 다혈질적인 무의공을 감싸 안고 이끌어 주는 멘토였던 충무공의 부재가 그를 가장 흔들리게 했던 것은 아니었을까 생각하게 된다.

무의공은 1610년 9월, 병마절도사로 근무하다가 세상을 떠났다. 광해군은 그가 세상을 떠났다는 소식에 무척 슬퍼했다고 전해진다. 무의공은 세상을 떠난 뒤에도 잊혀지지 않고 충무공처럼 인정받았다. 인조 때는 좌찬성으로, 효종 때는 우의정과 완천부원군으로 추증되었으며 숙종 때에 이르러 무의(武毅)라는 시호를 받게 된다.

충무공의 그늘에 가려져 잘 알려지지 않았던 무의공. 하지만 그의 삶을 하나씩 짚어가다 보면 그는 스스로 충무공의 발자취를 닮기 바랐던 건 아닐까 하는 생각이 든다.

이순신(李舜臣)에게는 이순신(李純信)이 있었다. 이순신을 아끼던 이순신, 이순신을 따르던 이순신. 그렇게 나라를 위하던 두 명의 이순신이 조선의 바다를 지켜냈다.

4장

조선 왕비 실록

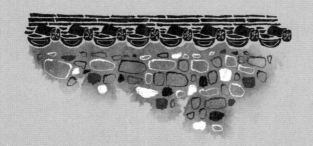

조선 왕비 계보

제왕		시호	별칭	본관	재위 기간
1	태조	신의왕후	절비 신의고황후	안변 한씨	(추존)
		신덕왕후	현비 신덕고황후	곡산 강씨	1392년~1396년
2	정종	정안왕후	덕빈 덕비 순덕왕대비	경주 김씨	1398년~1400년
3	태종	원경왕후	정녕옹주 정빈 정비 후덕왕대비	여흥 민씨	1400년~1418년
4	세종	소헌왕후	경숙옹주 경빈 공비	청송 심씨	1418년~1446년
5	문종	현덕왕후	현덕빈	안동 권씨	(추존)
6	단종	정순왕후	의덕왕대비	여산 송씨	1454년~1455년
7	세조	정희왕후	낙랑부대부인 자성왕대비 자성대왕대비	파평 윤씨	1455년~1468년
(추존)	덕종	소혜왕후	수빈 인수왕비 인수왕대비 인수대왕대비	청주 한씨	(추존)
8	예종	장순왕후	장순빈	청주 한씨	(추존)
		안순왕후	인혜왕대비 명의대왕대비	청주 한씨	1468년~1469년
9	성종	공혜왕후	천안군부인	청주 한씨	1469년~1474년
		폐비 윤씨	제헌왕후	함안 윤씨	1476년~1479년
		정현왕후	자순왕대비	파평 윤씨	1480년~1494년
10	연산군	폐비 신씨	거창군부인	거창 신씨	1494년~1506년
11	중종	단경왕후		거창 신씨	1506년~1506년
		장경왕후		파평 윤씨	1507년~1515년
		문정왕후	성렬대왕대비	파평 윤씨	1517년~1544년
12	인종	인성왕후	공의왕대비	반남 박씨	1544년~1545년
13	명종	인순왕후	의성왕대비	청송 심씨	1545년~1567년
14	선조	의인왕후		반남 박씨	1569년~1600년
		인목왕후	소성왕대비 명렬대왕대비	연안 김씨	1602년~1608년
15	광해군	폐비 유씨	문성군부인	문화 유씨	1608년~1623년
(추존)	원종	인헌왕후	연주군부인 연주부부인	능성 구씨	(추존)

16	인조	인렬왕후	청성현부인	청주 한씨	1623년~1635년
		장렬왕후	자의왕대비 자의공신대왕대비	양주 조씨	1638년~1649년
17	효종	인선왕후	풍안부인 효숙왕대비	덕수 장씨	1649년~1659년
18	현종	명성왕후	현렬왕대비	청풍 김씨	1659년~1674년
19	숙종	인경왕후		광산 김씨	1674년~1680년
		인현왕후		여흥 민씨	1681년~1689년 1694년~1701년
		희빈 장씨	옥산부대빈	인동 장씨	1689년~1694년
		인원왕후	혜순왕대비 혜순자경대왕대비	경주 김씨	1702년~1720년
20	경종	단의왕후	단의빈	청송 심씨	(추존)
		선의왕후	경순왕대비	함종 어씨	1720년~1724년
21	영조	정성왕후	달성군부인	달성 서씨	1724년~1757년
		정순왕후	예순왕대비 예순성철대왕대비	경주 김씨	1759년~1776년
(추존)	진종	효순왕후	현빈 효순빈 효순소황후	풍양 조씨	(추존)
(추존)	장조	헌경왕후	혜빈 헌경빈 헌경의황후	풍산 홍씨	(추존)
22	정조	효의왕후	효의선황후	청풍 김씨	1776년~1800년
23	순조	순원왕후	명경왕대비 문인광성대왕대비 순원숙황후	안동 김씨	1802년~1834년
(추존)	문조	신정왕후	효유왕대비 선경순화대왕대비 신정익황후	풍양 조씨	(추존)
24	헌종	효현왕후	효현성황후	안동 김씨	1837년~1843년
		효정왕후	명헌대비 명헌왕대비 명헌왕태후 명헌태후 효정성황후	남양 홍씨	1844년~1849년
25	철종	철인왕후	명순대비 철인장황후	안동 김씨	1851년~1863년
26	고종	명성태황후		여흥 민씨	1866년~1895년
27	순종	순명효황후	순명비	여흥 민씨	(추존)
		순정효황후	이왕비 이왕대비	해평 윤씨	1907년~1910년

| 추존: 왕위에 오르지 못하고 죽은 이에게 임금의 칭호를 주던 일.

건국의 어머니:
신덕왕후 강씨

동서고금을 막론하고 자식을 싫어하는 엄마가 있을까? 물론 낳고 도망가거나 자녀와 연을 끊은 엄마도 있겠지만, 절박한 상황이기에 어쩔 수 없는 경우가 대부분일 것이다. 엄마가 자식을 위하는 마음은 감히 흉내 낼 수도 없다. 부모, 특히 엄마가 자식에게 주는 사랑은 상상을 초월하기 때문이다.

하지만 모든 일이 그렇듯 사랑을 과하게 주다 보면 이상 현상도 생기게 된다. 아들이 마마보이가 되거나, 엄마를 우습게 보는 자식도 생기기 마련이다. 오래전, 조선도 마찬가지였다. 그리고 방번과 방석의 어머니 신덕왕후도 예외는 아니다. 그녀도 결국 자기 자식을 사랑하는 엄마일 뿐이다. 그 사랑이 지나쳐 자신을 돌봐준 배다른 아들과 대립하게 될 정도로 말이다.

신덕왕후는 조선 개국의 핵심 인물이다. 난세의 영웅인 이성계, 정도전에 가려져 개국 공신에 잘 거론되고 있지는 않지만, 조금 과장하여 말하자면 그녀가 없었다면 조선은 개국되지 않았을지도 모르겠다.

신덕왕후는 고려 말 상산부원군을 지낸 곡산 강윤성의 딸이다. 권문세족이 득실대던 시절 한 자리를 꿰찬 가문이었다. 숙부인 강윤충과 강윤회 또한 권력 맛에 취했던 인물로 기록에 남아있다. 고려 말 왕족과의 친밀도는 신덕왕후의 할아버지인 강서 때부터라고 전해진다. 이들은 나랏일 살피는 것은 뒷전인 채 호랑이의 등에 올라타 날개를 펼쳤다.

술독에 빠지는 건 그나마 다행이었다. 《고려사절요》에 충혜왕이 강윤충을 데리고 환관 유성의 집을 찾아간 내용이 나온다. 유성의 아내가 예쁘다는 소문이 이미 파다했기에 호기심이 발동했고, 몹쓸 짓을 저지르고 말았다. 그들의 바보짓거리에 조적이 더는 참지 못하고 들고 일어났다. 조적의 세력도 만만치 않았지만 강윤충 일당에 패하고 말았다. 이 사건으로 충혜왕과 강씨 가문은 한층 더 가까워졌다. 그러나 강윤충은 충혜왕이 죽은 뒤 남겨진 후비 역련진반과 잠자리를 가지기도 했다.

이러한 이들의 만행은 공민왕 때에 접어들며 덜미를 잡혔다. 1356년(공민왕 5년), 자주개혁을 목표로 삼았던 공민왕은 부패한 관리들을 척결하려 애를 썼다. 특히 백성의 토지를 빼앗고 조정을 주무르던 권문세가를 붙잡았고, 변발·호복 등 몽골 풍속을 금지시켰다. 강씨 집안도 서서히 몰락할 수밖에 없는 상황이라 신진 사대부의 등쌀에 눈치를 봐야 했다.

이성계가 명나라에 관심을 가진 시기도 이쯤이다. 그의 나이 22세 때 아버지 이자춘이 쌍성총관부를 수복했다. 공민왕이 노고를 기리며 집 한 채를 하사했고 아들과 머무르게 했다. 이는 반원 세력으로 등을 돌린 이자춘의 반란을 막기 위해서였다. 이성계가 27세 되던 해 아버지 이자춘이 세상을 떠났지만, 슬퍼할 새도 없이 쌍성총관부 관리직에 명해졌고 쉬지 않고 왜적과 홍건적에 맞서 싸워야했다.

강씨 집안은 동북면에서 맹위를 떨치던 이성계에 호감이 갔다. 그들에게는 가문의 위상을 높일 수 있는 좋은 기회였고, 이성계 또한 정치 세력을 기반으로 입지를 다질 필요가 있었다. 강씨 집안이 몰락하여 개경에서 곡산으로 내려간 상황이었지만 뿌리는 여전히 남아있었다. 부경대학교 신명호 교수는 자신의 저서에서 강씨가 15, 16세쯤 오빠들의 권유로 이성계와 만났다고 추측했다. 《동문선》에는 '딸은 중현대부 흥위위 대호군 이제에게 시집갔다'는 기록이 남아있다. 1387년을 기점으로 강씨의 큰딸 경순공주가 15세 전후로 결혼했음을 가정하면 강씨는 1356년 이전에 태어났음을 추측할 수 있다. 그녀의 나이를 추측하는 것은 그녀의 출생년도와 출생지를 지금까지 정확히 알 길이 없기 때문이다.

1357년에 강씨의 아버지 강윤성이 역모 사건에 연루되며 이듬해 사형을 당했다. 그러나 강씨의 형부 신귀는 겨우 목숨은 부지하여 귀양을 가게 되었다. 신귀가 귀양을 가자 강씨 언니의 간통 소식이 심심치 않게 들려왔다. 그녀의 상대는 황상, 양백안, 김용 등 당대 유력 인사들이었다. 혹자는 쾌락을 위한 간통이 아니라 붙잡힌 남편을 위한 행동이었다는 설도 있는데, 어쨌든 과거로 벼슬에 오른 아버지 윤성을 제외하면 절개를 중요시 여긴 집안은 아닌 듯하다. 이를 보면 강씨의 권모술수는 그녀의 혈통에서 찾아볼 수 있음을 알 수 있다. 그리고 이것은 조선 개국에 있어 지대한 영향을 미치게 된다.

1371년(공민왕 20년) 강씨 집안은 다시 위기를 맞게 된다. 이성계와 혼인하며 큰딸을 두었던 강씨는 여전히 불안했다. 강씨가 대략 10대 후반일 때 정계를 주름잡던 신돈이 역적으로 몰려 숙청을 당했기 때문이다. 그 여파가 강씨 친정에 번졌고, 형부 신귀도 사형을 당했다. 또한 이성계는 함흥에 있는 향처 한씨와 꾸준한 왕래를 이어갔다.

강씨의 가장 큰 걸림돌은 한씨의 아들 방원이었다. 《태조실록》에서 "내 뜻을 성취할 사람은 바로 너일 것이다"라는 말을 했을 정도로 이성계의 신임이 대단했다. 이성계는 일찍이 가문에 유학을 업으로 삼은 사람이 없음을 불만스럽게 여겨 방원에게는 학문을 배우게 했다. 당시 이성계는 학자들을 전쟁터에 함께 대동할 정도로 지식인의 말을 귀담아 들었다. 정몽주와의 인연도 그렇게 깊어진 것인데, 이렇다 보니 책 읽기를 좋아했던 방원이 예뻐 보일 수밖에 없었다. 방원과 방간을 개경으로 불러 공부를 시켰는데 두각을 나타낸 건 방원이었다.

강씨가 처음부터 방원을 멀리한 건 아니었다. 남편인 이성계는 북방민족뿐만 아니라 전라도 남원까지 내려가 왜적을 상대해야 했기에 그녀는 한씨 아들들과 보내는 시간이 많았다. 《태종실록》에는 "강씨가 기이하게 여기고 사랑하니, 방원도 효성을 다하였다"고 한 기록이 남아있다. 그녀가 아들을 낳기 전까지는 이방원의 어머니 노릇을 자처했다는 증거이다.

하늘이 그녀의 내조를 감탄했는지, 그 둘의 사이를 질투했는지 1381년(우왕 7년) 드디어 강씨의 첫째 아들 방번이 태어났다. 그리고 이듬해 둘째 아들 방석까지 태어났다. 그럼에도 이성계의 관심은 여전히 방원에게 있었다. 방석이 태어나던 해, 방원은 진사 시험에 합격했다. 방원이 제학으로 발령을 받고 인사차 아버지를 찾아왔을 때 이성계는 임명장을 여러 번 소리 내어 읽었다고 한다.

잠자던 강씨의 질투는 점차 눈을 뜨기 시작했고 걷잡을 수 없었다. 자신도 아들을 낳았으니 이성계의 관심을 돌릴 수 있는 방법을 찾아야 했다. 우선 강씨는 방원과 방간을 개경의 유력 집안인 여흥 민씨의 딸들과 혼사를 치르게 했다. 개경에서의 남편의 입지와 오빠들과의 관계를 생각한 합리적인 선택이었다. 더욱이 자신의 큰딸이 혼기가 찼기에 특별한 사윗감을 찾고 있었고 그녀의 눈에 들어온 사람은 이인임이었다.

이인임은 공민왕이 시해당한 뒤 최고의 권력자로 떠올랐다. 친원이었던 그는 신진 세력인 정몽주와 정도전을 좋게 보지 않았다. 게다가 강씨는 이성계를 찾아온 정도전이 마음이 들지 않았다. 그는 과격분자라는 인식이 강했기에 남편에게 해가 될지 모른다고 생각했었던 것이다. 결국 강씨는 이인임의 동생인 이인립의 아들 이제를 사위로 맞이했다. 이로써 강씨는 여흥 민씨, 성주 이씨와 연이은 혼사를 성공적으로 이뤄내며 남편을 내조했다.

1388년(우왕 14년), 명나라의 무리한 공물 요구와 철령 이북을 내놓으라는 압박이 가해졌다. 노쇠한 이인임 대신 조정에는 최영 장군이 실권을 쥐던 상황이었다. 우왕은 청렴하고 우직한 성격의 최영을 신임했는데 그가 명나라의 요구가 불합리하다며 싸우기를 권하자 결국 우왕은 요동 정벌을 선포한다. 이에 이성계는 우군도통사로서 막중한 책임을 안고 출정하게 된다.

한편, 강씨는 포천으로 피신해야만 했다. 조정에서 한씨의 첫째와 둘째 아들을 인질로 잡아두었기 때문이었다. 여기서 우리가 잘 아는 조선 건국의 계기가 되는 위화도 회군이 일어난다. 이때 두뇌 회전이 빠른 방원은 재빨리 두 어머니를 모시러 갔다. 포천 철현 별장에 있는 강씨와 재벽동 별장에서 지내던 한씨를 데리고 왔다. 식솔이 모두 도망간 터라 민가로 가 음식을 구해 오는 등 두 어머니를 극진히 모셨다. 그리고 얼마 지나지 않아 이성계는 최영을 생포했다. 이념 앞에서는 '벗'이란 말도 무색했다. 이성계는 우왕을 강화도로 내쫓고 최영을 고봉현으로 유배 보내며 권문세족과 그 아류들을 정리하기 시작했다. 설득으로 살려낼 방법이 없다고 판단했는지 곧 최영에게 참형이 내려진다. 마음이 얼마나 아팠을까. 건국 당시 드러낼 수 없던 심정을 무민(武愍)이란 시호로 대신했다. 뛰어난 무예를 헛되이 쓰지 않고, 백성을 위한 장군이었으니 그렇게라도 영원히 기억하려 했을 것이다.

이 사건을 계기로 이성계의 정적은 늘어만 갔다. 그 자신도 권력은 잡았지만 스스로 충신이 아님을 깨닫고 회의감에 빠지기 시작했다. 또한 향처인 한씨가 세상을 떠나자 심히 심란한 상태가 되고 말았다. 결국 그는 1391년(공양왕 3년) 사직 상소를 올렸고 고향으로 돌아갈 채비를 마쳤다. 그러면서 방원에게도 사직을 권했다. 이 틈을 놓치지 않고 공양왕이 이성계를 불러들여 죽이려 하자 강씨는 이 위기를 넘기려 혼사를 준비했다. 그녀의 눈에 들어온 사람은 공양왕 동생의 딸이었다. 방번이 11세 밖에 되지 않았지만 혼인할 며느리가 15세였으니 문제될 게 없다는 판단이었다. 결국 강씨의 수완으로 혼사를 성공적으로 이뤄내며 위기를 벗어날 수 있었다.

"나라를 세우던 날까지 오직 신덕왕후의 내조가 극진하였다. 내가 왕위에 올라 만기를 살필 때에도 또한 왕후의 도움이 컸다. (중략) 마치 좋은 보좌를 잃은 듯하다. 나는 너무 슬프다."

– 《동문선》, 정릉원당 조계종본사흥천사기

1396년(태조 5년) 신덕왕후가 죽자 태조 이성계가 권근을 불러 말한 내용이다. 그녀는 위기 때마다 혼사로 남편을 도왔고 자녀를 보살폈다. 개국 이전 정몽주가 남편을 위협하자 그 유명한 선죽교 사건의 시발점을 만든 장본인이기도 하다. 이성계가 사냥 중 부상을 당하자 급히 사위 이제를 불러 3년상중인 방원에게 소식을 전했고, 이 소식을 접한 방원이 아버지를 보살피고 정몽주의 발 빠른 움직임에도 대처할 수 있었던 것이다.

이러니 이성계가 강씨를 싫어할 수 있었겠는가. 그녀의 내조에 이성계는 분명 감사해하고, 감동했다. 이는 건국 이후에 적장자 대신 방석을 세자로 선택한 것만 보아도 잘 알 수 있다. 또한, 강씨를 가까이 할수록 아꼈던 방원은 멀리할 수밖에 없었다. 결국 이성계는 방원을 절제사에 임명하지 않았고, 방원은 마음을 다했지만 버림받았다고 여기며 비극적인 왕자의 난을 일으켰다.

이성계를 좌지우지했던 강씨. 어린 나이에 결혼해 독수공방한 시간이 길었지만 위기 때마다 명석한 두뇌로 남편을 구해 주었고, 아들이 생기기 전까지 한씨의 아들인 방원도 소중히 여겼다. 어쩌면 오래전부터 이런 것들을 쌓으며 이성계가 세자 책봉에 있어서 자신의 편을 들어줄 수밖에 없도록 준비해왔던 것은 아닐까.

아니 어쩌면 일찍이 떠나간 아버지와 곱지 않은 시선에 몰매를 맞았던 언니, 또 친척의 만행으로 손가락질 받던 강씨였기에 그저 사랑을 갈구한 한 명의 여성이었을지도 모르겠다. 그렇기에 남편과 자식은 그 무엇보다 그녀에게 소중한 보물이었을 것이다. 그것을 지키려는 힘. 그것은 엄마라는 이름이 아니었다면 불가능했다. 이것이 신덕왕후 강씨가 아주 특별한 개국 공신이면서도 평범한 엄마인 이유다.

내조의 여왕:
정안왕후 김씨

앞서 나온 신덕왕후 강씨는 내조와 외조를 병행한 굉장히 적극적이고 능동적인 아내라고 할 수 있겠다. 남편의 승승장구를 따라가는 것이 아닌, 남편을 가장 높은 자리에 앉히기 위해 직접 나선 인물이니 말이다.

조선의 건국을 도운 신덕왕후 강씨와는 반대로 남편의 입지 강화가 불편한 아내도 있었다. 바로 정종의 아내, 정안왕후가 그러하다. 의아하게 생각될 수도 있지만 시대 배경을 조금만 들여다보면 금방 이해할 수 있다.

그녀는 왕의 아내로서 영향력을 행사하기보다 오로지 남편의 안전을 염려했다. 그녀가 없었다면 정종도 분명 이방원의 칼날을 피해갈 수는 없었을 것이다.

실록에는 정안왕후의 기록이 거의 없다. 한 나라의 왕비로서 사소한 이야기도 남지 않은 게 이상할 따름이다. 그녀를 추적할 수 있는 유일한 단서는 '순덕왕대비'라는 존호이다. 정종이 상왕으로 물러난 뒤 태종이 붙여준 특별한 이름인 셈이다. 방원은 형제에게 칼을 겨눈 사람이다. 그런 사람이 누군가 덕을 갖추었다고 추대하는 건 어떤 이유에서일까?

정안왕후는 고려 시대 문신인 김천서의 딸이다. 주목해야 하는 건 '김씨 집안의 딸'이라는 점이다. 어느 시대나 왕가의 혼사 문제는 국정 문제만큼 중요한 사안이었다. 특히 조선 초기 이제 막 실권을 장악한 이씨 가문도 마찬가지였다. 신덕왕후의 재주로 중요한 인물들은 이미 고려 말 무렵 짝을 지어 놓았다. 당쟁을 피하고 국가의 안위를 위해서 말이다. 그런 강씨의 눈에 방과는 특별하지 않았을지도 모른다.

음양오행에 따르면 금(金)은 목(木)에 해롭다고 본다. 금속이 나무를 자를 수 있으니 쌓아올린 공이 쉽게 무너진다는 풀이다. 지금이야 미신이라고 가볍게 넘기지만 당시에 국혼을 치르는데 무엇인들 못했을까. 자두나무 '이(李)'에는 나무가 중심을 붙들고 있기에 김(金)을 선호하지 않는 게 당연했다. 하지만 그럼에도 혼사를 허락했다. 이 말인즉 방과는 당시 왕좌와는 무관한 사람으로 여겼던 것이다.

정종은 2년 2개월이라는 짧은 시간 동안 왕위에 있었다. 쿠데타를 일으킨 방원의 부탁으로 마지못해 왕위에 올랐다는 의견이 지배적이다. 위계질서 확립과 따가운 눈총을 피하기 위해 형을 먼저 앞세우는 게 보기 좋았기 때문이다. 어쩌면 태종이 정안왕후에게 '덕'을 하사한 것도 포장하기 위한 방책이 아니었을까? 의문이 들지만 뛰어난 성품을 인정한 데는 또 그만한 이유가 있었으리라 짐작된다.

역사인물편찬위원회가 저술한 《불사조 천하》에는 정종의 불안한 심리 묘사가 되어 있다. 왕자의 난을 함께 모색했던 방과지만 동생의 무서움은 뇌리에서 떠나지 않았다.

"머잖아 나는 방원에게 왕좌를 양위하고 물러나야 한다."
정종과 정안왕후는 잠자리에서조차 죽음을 걱정해야 할 정도로 방원을 두려워했다.
"실권 없는 왕과 왕후의 처지가 참으로 비참하구나."
(중략) 정안왕후는 하루빨리 왕좌를 양위할 것을 권하고는 했다.

기록에 없는 내용을 추측했다고는 하나 짧은 재위 기간과 정치에 관심 없었던 정종의 성격을 빗대어 보면 완전히 빗나간 내용은 아닌 듯하다. 실록에는 정종이 격구를 좋아하며 국정에 무관심한 인물로 기록되어 있으니 말이다. 이미 물러남을 암묵적으로 약속했지만 정안왕후 김씨는 남편의 안위를 늘 걱정하였다.

정종은 1398년 봄, 개경으로 천도했다. 이는 그가 고향에서 보낸 나날들을 그리워했음을 알게 하는 대목이다. 동생들과 어울려 놀던 어린 시절이 불안한 심리를 안정시켜주니 말이다. 하지만 제 3자의 눈은 다르다. 배다른 동생이라도 혈육은 혈육이다. 그런 혈육인 방번과 방석 두 아우를 베어버린 방원을 옆에 두기는 결코 쉽지 않았을 거라 보는 의견도 있다.

조선 초기 문신들은 정안왕후의 불안한 마음보다 착한 사람임을 강조했다. 사병 폐지를 주장하며 왕권 확립에 공을 세운 권근의 동생 권우는 정안왕후의 성품이 참되다고 하였다. 또한, 태종의 총애를 받았던 변계량은 《후릉지》에서 정안왕후가 후궁과 시녀들을 함부로 대하지 않았다고 하였다. 태종의 지지를 받은 문신들이 기록한 내용이라 전부 확신할 수는 없지만, 모난 성격은 결코 아니었을 것이다.

참고로 애처가로 알려진 정종이 후궁을 들인 이유는 자녀가 생기지 않았기 때문이다. 1355년생인 정안왕후는 정종이 즉위했을 때에 이미 마흔을 넘긴 나이였다. 오랜 시간 아이가 없었다는 건 정안왕후가 불임이었을 가능성이 농후했다. 정종이 9명의 후궁을 들이며 서자 17명과 서녀 8명을 슬하에 두었으니 말이다.

조선은 적자 상속을 원칙으로 했다. 만약 왕비가 아들을 낳지 못하면 서자를 세자로는 받아들이지만 왕위 계승은 어려운 문제였다. 이는 국정 혼란을 야기시키는 문제이기에 정실의 생산 임무는 막중했다. 그렇기에 적자를 낳지 못하면 입지가 확연히 좁아진다. 겉으로 표현은 안했어도 정안왕후의 마음은 몹시 괴로웠을 것이다. 들어오는 후궁이 자식을 낳을 때마다 정종이 기뻐하는 모습을 지켜봐야만 했으니 말이다. 허나 그녀는 박수까지 쳐주며 남의 자식들의 응석을 받아주었다. 질투가 극에 달하면 체념으로 바뀔지는 모르지만, 그녀는 후궁에게까지 예우를 갖추었다.

1412년, 정안왕후는 세상을 떠났다. 왕위에서 내려온 뒤 유유자적한 삶을 살았다는 정종도 그녀와 함께 묻혀 있다. 완만한 곡선의 후릉은 사이좋게 보이지만 개성이라 갈 수는 없다. 정안왕후는 욕심을 버린 남편이 밉지는 않았을까? 착한 그녀라 그런 마음을 표현하지는 않았겠지만, 그녀의 속내는 아무도 알 수 없다.

이따금씩 역사 소설 작가들은 그녀의 어진 성품보다 방원을 두려워하는 내용을 부각시킨다. 우리가 그동안 정종의 나약한 모습만을 보아왔던 것처럼 말이다. 정종은 아버지를 따라다니며 전쟁터를 누비던 인물이다. 그런 그가 동생으로 인해, 혹은 짧은 재위 기간 때문에 약하게만 해석되는 건 아니라고 본다.

분명히 알 수 있는 한 가지는 정안왕후에게 정종은 가장 소중한 사람이라는 점이다. 금이 나무를 자른다고 해도 받아 주었고, 적자를 낳지 못해도 존대해 준 남편이다. 그런 남편이 서슬 퍼런 동생의 등쌀에 위협을 받는다면 너무 억울한 삶이 된다. 그녀를 떠올리면 왕위를 빨리 내려놓으라고 남편을 설득하는 모습과 대신들의 눈치를 보는 모습이 상상된다. 이 모든 게 사랑하는 남편, 이방과와 오래 함께하기 위함이었다면 그 모습이 애틋하게도 보인다.

예전 한 매체에서 연예인은 돈을 얼마씩 들고 다니는지 알아보는 프로그램이 있었다. 진행자는 방송국을 돌아다니며 대기실에 앉은 여러 연예인의 지갑을 들쑤셨다. 지갑이 두둑한 사람도 있었지만 대부분 카드를 사용하기에 현금이 얼마 없었다. 그 순간 흐뭇하게 웃으며 손을 번쩍 든 사람이 등장했다. 진행자는 기쁜 나머지 달려갔고 지갑을 열자 입꼬리가 내려갔다. 지갑 속에 많은 현금이 있을 거라 기대했지만, 그의 지갑에는 10만 원이 들어 있었던 것이다. 진행자가 "그렇게 큰돈이 아닌데 왜 손을 들었냐?"고 묻자 그는 "아내가 아무거나 사먹지 말고 몸에 좋은 거 먹으라고 몰래 넣어 뒀어요"라고 답했다. 아내의 사랑을 듬뿍 받은 남자는 개그맨 '임혁필'이었다.

남편이 왕위에서 내려왔을지라도 사랑해 주는 여자. 많은 것을 하지 않아도, 그저 아끼는 마음을 가지고 진심으로 걱정하는 마음으로 지켜봐준다면 그것이 최고의 내조이자 사랑이 아닐까? 그런 면에서 정안왕후는 내조의 여왕이자, 최고의 부인이라 부르기 아깝지 않다.

비련의 여인:
현덕왕후 권씨

문종이 세자일 때 현덕왕후 권씨를 만났다. 비록 궁녀의 신분이었으나 세자와 아버지 세종의 호감을 샀다. 당시 문종에게는 앞서 맞은 두 명의 세자빈이 있었지만, 단정치 못하다는 이유로 폐세자빈이 되었다. 그렇다고 해서 권씨가 특별한 매력을 발산했다는 기록은 없다. 단지 성품이 바르다는 것. 평범하지만 미워할 수 없는 이유이기도 하다.

1414년(태종 14년) 세종의 장남 향(珦, 문종)이 태어났다. 그가 14세가 되던 해 네 살 많은 휘빈 김씨를 세자빈으로 받아들였다. 그녀는 태종의 후궁 명빈의 조카이기도 했다. 또한 명문가 안동 김씨 출신인지라 간택의 범위가 넓지 않았다는 후문이 있다.

당시 세자는 수발을 들며 곁에 있어 주었던 궁녀들과 가깝게 지냈다고 한다. 그는 세종을 닮아 글공부를 게을리하지 않았지만, 충분히 이성에게 호감을 가질 나이이기도 했다. 휘빈 김씨 입장에서는 화가 날 만한 일이다. 조금이라도 방심하면 근본 없는 궁녀에게 안방마님의 자리를 내주게 될지도 모르는 일이니 말이다. 결국 그녀는 궁녀들을 떼어 놓고자 압승술을 생각해 냈다.

'압승술'이란, 주술을 이용해 화복을 누리기 위한 행위를 말하는데 크게 두 가지로 나뉜다. 첫째는 남자가 흠모하는 여성의 신을 불에 태워 재를 만든 뒤 술에 넣고 마시게 하는 방법이고, 다른 하나는 뱀이 교미를 할 때 나오는 정기를 수건으로 닦아 몸에 지니고 있는 것이다.

휘빈은 세자와 친했던 시녀 효동과 덕금의 신발을 태우고 재를 가지고 있다 발각되고 만다. 신발이 없어진 궁녀들은 그녀와 가깝게 지낸 시녀 호초를 추궁하여 끝내 진실을 밝혔고, 세종은 망설이지 않고 김씨를 친가로 돌려보냈다. 세자가 눈길을 주지 않은 이유를 두고 세종은 휘빈 김씨의 박색한 외모 때문이라고 했다.

세종은 휘빈을 내쫓고 1429년(세종 11년) 고심한 끝에 봉려의 딸 순빈 봉씨를 간택했다. 전례를 반면교사 삼아 외적인 면을 먼저 보았지만 세자의 마음에 들지 않는 건 마찬가지였다. 얼마 뒤 정작 봉씨를 싫어하게 된 사람은 그녀를 데려온 세종이었다. 글 대신 술을 가까이 한다는 소리가 들리자 이번에도 망설이지 않고 며느리를 내쳤다. 문종과 성격이 맞지 않을뿐더러 앞날을 생각해 보면 불필요한 시간을 보낸 셈이었다. 술 외에도 여종인 소쌍을 사랑해 지탄받기도 했다.

하지만 그녀도 그럴만한 이유가 있으리라 본다. 어린 나이에 시집와서 남편이 눈길 한 번 주지 않는다면 괴로운 건 당연한 일이다. 또한, 그녀가 타락한 또 다른 이유에는 현덕왕후(당시 승휘 권씨)의 등장도 어느 정도 영향을 주었다고 생각한다.

봉씨의 입궐 일 년 뒤, 1430년(세종 12년), 권전의 딸 권씨가 세자궁에 들어왔다. 권씨는 어려운 가정 형편으로 12살의 어린 나이에 궁녀가 되어 시중을 들기 시작했다. 어린 권씨의 화장기 하나 없는 앳된 얼굴이 보기 좋았을까. 세자는 조금씩 그녀의 움직임에 눈길을 주곤 했다. 4년이 지나 권씨는 세자의 아이를 가졌고 소헌왕후는 세종과 상의한 후 그녀를 승휘에 책봉했다. 승휘는 세자의 후궁에게 내려지는 품계이며 특별 상궁이라도 함부로 하대하지 못하는 위치였다.

이에 비해 봉씨는 점점 여종과 음란 행위에 심취해 있었다. 생몰년에 대한 기록은 없지만 세자와 같은 나이였을 것으로 추정된다. 그럼에도 불구하고 문제를 일으킨 기록이 많다. 1436년(세종 18년) 실록에는 봉씨의 만행에 대한 기록이 자세히 등장한다.

"성품이 술을 즐겨 항상 방 속에 술을 준비해 두고는, 큰 그릇으로 연거푸 술을 마시어 몹시 취하기를 좋아하였다. 혹 어떤 때는 시중드는 여종으로 하여금 업고 뜰 가운데로 다니게 하고, (중략) 소쌍의 사건만 아니면 비록 내버려두어도 좋겠지마는…"

봉씨는 결국 궁을 떠나야 했고 놀아난 여종은 사형에 처했다. 실록에는 봉씨의 아버지 봉여가 병으로 세상을 떠나자 3개월 뒤 봉씨가 폐출됐다는 기록이 있다. 병세 악화와 딸의 문란함 사이에 연결고리는 찾기 힘들지만 시기상 골칫거리였음은 짐작할 수 있다. 야사에서는 폐출된 봉씨가 집으로 돌아와 하소연하자, 아버지가 목을 졸라 죽였다는 결말도 찾아볼 수 있다. 어쨌든 동궁에서 일어난 가슴 아픈 일들이다.

이쯤에서 문종의 성격을 되짚어 볼 필요가 있다. 역사 드라마에서는 흔히 볼살이 들어간 허약한 모습의 배우를 캐스팅하곤 했다. 아무래도 말년에 잦은 병환으로 죽었으니 허약한 모습이 어울린다는 주장이다. 틀린 건 아니지만 병약한 모습을 너무 부각시킨 건 지양했으면 한다. 알려진 이미지와는 달리 《연려실기술》에서 묘사한 문종의 외모는 관우와 같은 풍모를 보였고 잘생긴 얼굴이라고 되어 있기 때문이다. 외적인 모습만 놓고 따져보면 병약한 체질로 죽을 인물은 절대 아니었던 것이다.

그의 행보 또한 외모와 비슷한 모습을 보였다. 조선의 패트리어트 무기라 불리는 신기전을 대폭 늘렸고, 《오위진법》이라 하여 병력, 용병, 결진 등 전투 훈련에 대한 병법서를 저술했다. 또한, 군사조직도 개편하며 국방 강화에 힘썼던 인물이기도 하다. 실록에는 외교 문제로 들린 사신들이 장대하다며 칭찬했다는 기록이 있을 정도로 국력 강화에 힘쓴 열의에 찬 인물이었다.

하지만 글공부에 너무 매진한 탓일까? 여색을 밝혔다는 내용이 없다. 세종만 보아도 정비 1명에 후궁이 5명이다. 조선 시대라 양호하다고 판단될지 모르지만 자녀만 해도 20명이 넘는다. 이를 지켜보고 자랐을 텐데 문종은 권씨를 제외하면 후궁을 2명밖에 들이지 않았다. 자녀 수 또한 3명에 그쳤으니 이를 보고 병약하다고 했는지도 모를 일이다.

참고로 권씨와 함께 승휘에 오른 숙빈 홍씨도 있었다. 권씨보다 나이가 어렸고 《단종실록》에는 문종이 홍씨를 더 예뻐했다고도 적혀 있다. 아쉽게도 문종이 요절하여 오랜 연을 이어가지는 못했지만 총애를 받았던 인물이다.

1441년(세종 23년) 권씨는 24세의 일기로 생을 마감했다. 세자 시절의 문종이 대리청정하며 한창 자신의 역량을 끌어올리고 있었는데 안타까운 일이다. 그것도 산욕열이 사인이기에 문종 입장에선 슬픔이 두 배로 다가왔을 것이다. 《문종실록》에는 현덕왕후를 떠나보낸 안타까움이 표현되어 있다.

"왕은 말하노라. 배필을 중히 여기고 적실(嫡室)을 높이는 것은 실로 고금에 통하는 떳떳한 일이요, (중략) 아아! 그대 현덕빈(顯德殯) 권씨(權氏)는 성품이 단정하고 장숙(莊肅)하며 마음이 깊고 아름다웠도다. 그대가 배필이 되었을 때 나는 동궁(東宮)에 있었으며 양궁(兩宮)에 어여삐 보이기를 위하여 규곤(閨壺)의 직책을 닦았고, 원자(元子)를 낳아 나라의 복을 두텁게 하였다."

아내의 목숨과 맞바꾸어 태어난 자식은 훗날 단종이 된다. 어릴 적 낳았던 큰 딸은 일찍 세상을 떠났고 곧이어 출생한 딸이 단종의 손위 누이 경혜공주이다. 세조가 즉위한 뒤 그녀 또한 유배 생활로 비참한 생을 살게 된다.

현덕왕후라면 아마 '세조의 꿈' 이야기가 가장 먼저 떠오르겠다. 그 누구도 무섭지 않던 남자가 꿈에서 현덕왕후를 만나 벌벌 떨었으니 말이다. 그녀가 살아있었다면 어렸던 딸과 아들이 그렇게 쉽게 짓밟히지는 않았을 것이다. 그와 더불어 너무 쉽게 막을 내린 문종 시대가 아쉽기만 하다. 오래 재위했더라면 세종이 만들어 놓은 황금기를 제대로 받쳐줄 인물이 바로 문종이었으니 말이다.

영도교의 눈물:
정순왕후 송씨

1973년, 칠레의 육군참모총장인 아우구스토 피노체트(Augusto Pinochet)가 군부 쿠데타를 일으켰다. 그가 집권한 뒤 잡음이 끊이질 않았고 사람들은 거리로 나왔다. 비올레타(Violeta) 할머니의 남편 또한 끝까지 저항했다. 민주화를 되찾으려 안간힘을 쓰다가 어느 순간 그녀의 남편은 사라지고 말았다. 그때부터 비올레타 할머니는 40년 넘게 남편을 기다리고 있다. 그녀는 현재 84세이다. 할머니는 남편이 살아있을 거라 믿으며 쿠데타가 일어난 날이면 항상 시위에 참여한다. 다른 사람에게는 추모 행사지만 그녀에겐 그저 실종된 남편을 계속해서 찾는 날일 뿐이다.

병으로 누군가를 잃어도 그 마음을 헤아리기 어려운데, 다른 이에게 짓밟혀 사랑하는 이를 잃어야 한다면 그 가족의 심정은 어떨까? 아무리 공감하려 해도 당사자가 아니면 결코 헤아릴 수 없는 부분이다. 허나 단종의 비 '정순왕후'라면 여기 비올레타 할머니를 이해할 수 있을지도 모르겠다. 느닷없이 나타난 이리 떼에 의해 저 멀리 영월로 유배되었다가 비참히 생을 마감한 남편을 둔 그녀라면 말이다.

1452년(문종 2년) 단종의 아버지 문종은 마흔도 되지 않은 나이로 생을 마감했다. 예고 없는 죽음에 12세의 나이 어린 단종이 왕위에 올랐다. 꼬맹이가 왕이니 호시탐탐 자리를 노리는 사람만 늘어갔다. 더욱이 어머니 현덕왕후도 일찍 세상을 떠났으니 누군가에겐 절호의 기회였다. 세종의 후궁 혜빈 양씨가 어렸을 때부터 돌보아 주었지만 보모 역할 말고 딱히 할 수 있는 일이 없었다. 곁에 남은 사람은 할아버지 세종을 따랐던 김종서, 황보인, 정분 등이 전부였다.

가장 왕위를 노리는 사람은 문종의 동생 수양대군이었다. 자신의 세력을 요직에 앉히기 위한 기싸움이 대단했다. 특히 황표정사에 불만을 품은 사람들이 많았다. 황표정사는 인사 대상자의 이름을 추려 상소하면 살며시 찍어둔 점에 임금이 도장을 찍는 방식이다. 그러니 섭정의 주축이던 김종서의 눈치를 보지 않을 수가 없었기에 반대를 위한 반대가 난무했다.

수양대군은 자신의 입지를 강화하기 위해 단종을 압박했고, 좌의정 김종서가 수양대군의 심복 임운에게 철퇴를 맞아 죽자 일순간 모든 것이 무너졌다. 수양대군은 상중(喪中)이었던 단종에게 찾아가 왕비를 하루 빨리 책봉해야 한다고 재촉했다. 상중에 혼사라니 말문이 막혔지만 그의 뜻을 따라야만 목숨을 부지할 수 있으니 어쩔 수 없이 따랐다. 그렇게 왕비로 책봉된 정순왕후도 이 분위기를 알았기에 노심초사하며 단종을 지켰다.

단종을 상왕으로 물리고 수양대군이 용상에 앉자 고명대신들이 단종을 다시 복위시키려 움직이기 시작했다. 허나 그중에서도 첩자 역할을 하던 사람들이 있어 실패로 돌아가고 만다. 집현전 학자 김질이 창덕궁 연회 전 정보를 흘리는 바람에 충신들이 모두 참형을 당하는데, 이를 사육신(死六臣) 사건이라 부른다. 이듬해인 1457년 (세조 3년), 세조는 단종을 노산군으로 강봉시켰다. 단종 복위 운동에 가담한 흔적이 발견되어 정순왕후의 아버지인 송현수도 관노의 신세로 전락한 뒤 끝내 처형을 당하고 만다.

나쁜 일은 한꺼번에 온다 했던가. 정순왕후는 아버지를 잃은 지 얼마 되지 않아 영월로 유배를 떠나는 남편을 부여잡으며 영도교까지 따라갔고, 그곳이 마지막으로 남편을 본 장소가 되고 만다.

김별아의 소설 《영영이별 영이별》에는 단종을 떠나보내는 정순왕후의 애절한 상황이 잘 표현되어 있다.

"여기서 그만 돌아가시오! 노산군은 오늘밤 안으로 양주까지 가야 하오!"
당신을 영월까지 호송할 첨지중추부사 어득해가 질그릇 깨지는 목소리로 내게 호령합니다. (중략) 나는 그 단호한 금지의 표식 앞에 스르르 무너집니다. 더는 당신께 가까이 다가서지 못합니다. 다만 허공에 뒤엉킨 당신과 나의 눈빛을 지푸라기 삼아, 물에 빠진 사람처럼 애원의 손을 뻗쳐 허우적거립니다.

－ 김별아, 《영영이별 영이별》 중에서

단종과 정순왕후의 이별 장소였던 영도교(永渡橋)에서 그녀는 눈물이 멈추지 않았고 한동안 서럽게 울기만 했다. 사람들은 그때부터 생이별한 단종과 정순왕후의 슬픔을 잊지 않고자 다리 이름에 인도할 '도(導)' 대신 건널 '도(渡)'를 사용한다.

한 가지 궁금한 건 단종이 겪은 왕위를 내려놓는 모멸감, 숙부에게 왕위를 물려줘야 하는 서러움 등을 정순왕후가 진심으로 이해했을까 하는 부분이다. 만난 기간은 고작 3년으로 제대로 담소를 나눌 기회나 있었는지도 모르겠다. 실록에는 단순히 집안 행사에 함께 동행을 했다는 기록만이 있다. 기침과 사랑은 숨길 수 없다는데 사랑했다는 결과만 있고 그 스토리가 알려지지 않았기에 더욱 궁금증을 자아낸다.

세조는 그런 그녀가 측은했는지 온전히 살려두었다. 혼자 남겨진 그녀는 궁궐 밖 초가집으로 쫓겨나 몸종 몇 명과 덩그러니 남겨졌다. 조선 초기 외교에 뛰어났던 문신 신숙주가 세조를 찾아가 정순왕후를 노비로 삼자 했지만 허락하지 않았다. 구전을 엮은《한사경》에도 이 같은 내용이 등장하지만 부풀려진 이야기라 주장하는 사람도 있다.

그녀는 정업원에 들어가 살지도 않았다. 남겨진 후궁과 고아들이 모이던 곳이 정업원인데 세종 때 혁파되었다가 세조 때 다시 문을 열었다. 조정을 안정시키기 위한 방책이었을지는 몰라도 정순왕후는 거절했다.

그녀는 호의를 뿌리친 채 정절을 지키고자 산골짜기로 향했다. 현재 성북구 보문동에 위치한 동망봉(東望峰)이 그곳인데 매일 같이 동망봉에 올라갔다고 한다. 단종이 사약을 받았다는 소식을 접한 뒤, 하얀 소복을 입고 봉우리의 거북바위에 올라가 영월 쪽을 쳐다보았다. 얼마나 힘차게 울었는지 산 아래 마을 백성이 들을 정도였다고 한다. 동망봉이란 이름은 이후 '동쪽을 바라보다'는 뜻으로 붙여졌다고 한다.

정순왕후는 82세의 일기로 생을 마감했다. 당시 기준으로 80세를 넘긴다는 건 어려운 일이다. 신체적인 건강뿐만 아니라 정신적으로 살고자 하는 생각이 강했으리라 짐작된다. 억울하게 죽은 남편을 알리고자 홀로 버텼는지도 모르겠다.

권력의 맛:
정희왕후 윤씨

　세조는 1455년 6월 조카를 밀어내고 왕위에 올랐다. 그는 단종
을 복위시키고자 움직인 사람들을 축출해내고 씨를 말리려 했다.
일명 사육신 사건이라 불리는 이 일에 피해를 입은 사람은 무려
600여 명에 달했다. 성삼문, 박팽년 등 집현전 학자 출신의 가족,
친지까지 모조리 잡아들였다. 처형되거나 유배를 보내지 않은 사람
은 노비로 신분을 격하시켰다.

　1457년(세조 3년) 세조는 마침내 단종에게 사약을 내렸다. 반대론
자를 모두 척결하면 분명 평화로운 날이 오리라 믿었을 것이다. 허
나 아쉽게도 그의 바람은 꿈속에 나타난 현덕왕후 때문에 모두 물
거품이 되고 만다. 조선 중기 문신 이자(李耔)가 집필한 《음애일기》
에는 당시 상황을 극적으로 묘사해 놓았다. 낮잠을 자던 세조의 꿈

에 나타난 현덕왕후는 "네가 죄 없는 내 자식을 죽였으니, 나도 네 자식을 죽이겠다. 너는 알아두어라"고 저주했다고 한다. 가위에 눌린 듯 놀란 표정으로 일어난 세조는 곧장 현덕왕후가 묻힌 소릉(昭陵)을 파헤치라고 명했다.

이 이야기가 실록에는 등장하지 않지만 그렇다고 완전히 부정하기도 어렵다. 세조의 맏아들 의경세자는 거짓말같이 그 꿈을 꾼 해 돌연사하고 말았으니 말이다. 약관의 나이에 무엇도 해보지 못하고 요절한 것이다. 세조는 믿을 수 없다며 분노했지만 자신 역시 원인 모를 피부병에 걸리게 된다. 그래서인지 불교를 배척하자는 의견이 팽배했음에도 경복궁 내 석탑을 들여놓으며 신에 기대기 시작했다.

우연이 아니라고 판단한 건 정희왕후뿐이었다. 세조가 곧 죽을 거란 소문이 돌자 그녀는 연로한 대신들에게 연회를 베풀었고 법당에 자주 출입하는 등 분위기 전환에 힘썼다고 한다.

정희왕후 윤씨는 애초에 세조의 아내로 간택된 인물이 아니었다. 조선 중기 문신 이기(李墍)의 《송와잡설》에는 후보자였던 정희왕후의 언니를 보러 간 감찰상궁에 대한 이야기가 나오는데 궁녀들의 저승사자라 불리는 감찰상궁의 예리한 눈에 들어온 것은 언니가 아닌 동생이었다. 그렇게 왕자의 배필로 낙점을 받아 1428년(세종 10년) 11살의 나이에 대군 시절의 세조와 가례를 올리며 낙랑대부인으로 책봉된다.

그녀의 비범함은 겸손에서부터 시작된다. 실록에는 세조의 어머니, 소헌왕후가 윤씨를 칭찬한 기록이 있는데, 왕후는 며느리들에게 교만과 사치를 멀리하라고 당부하며 궂은일을 자처하라고 했다. 자신이 직접 빨래와 물레질을 하는 등의 실천성을 강조한 훈육을 앞세웠다. 이 와중에 세종의 셋째 아들 안평대군의 아내 정씨는 장신구가 화려하다며 나무랐고, 윤씨를 가까이하라고 모두에게 말하였다.

그러나 그녀는 발톱을 감추고 있었다. 1453년 계유정난에서 그녀는 겸손함 속에 숨겨둔 칼날을 드러낸다. 왕이 될 수 없는 한을 쿠데타로 풀어낸 세조도 처음에는 망설였다. 이때 불안해하는 세조에게 다가가 갑옷을 입혀주며 부추긴 이가 바로 정희왕후 윤씨였던 것이다. 사실 이 부분은 좀 미화됐다고 봐야 한다. 《성종실록》 계유 1번째 기사에는 직접적인 설명이 등장한다.

세조가 잠저에 있을 때부터 세상을 다스릴 큰 뜻이 있어서 서사에만 정신을 쏟고 자질구레한 사무에는 개의하지 않았는데, 태후는 공손하고 검소하며 부지런하게 내직을 잘 처리하였다. (중략) 계유년에 세조께서 기회를 잡아 정난하였으며, 태후도 계책을 같이 해서 임금을 도와 큰일을 이루었다.

그녀가 세조를 '부추겼다'고 표현한 건 '계책을 같이 해서'라는 부분을 주목했기 때문이다. 기록에 남지 않았기에 어떤 역할을 했는지는 자세히 알 수는 없지만 단순히 갑옷을 입혀 주거나 "힘내세요"

라는 말 정도가 아닐 것이라 추측한다. 성종을 즉위시키기 위해 한명회와 결탁한 것을 미루어 보면 참모 역할도 충분히 했을 가능성이 있다.

그녀의 도움(?)에도 그가 잡은 권력이 오래가진 못했다. 세조는 '문둥병'에 걸려 고열, 무감각 등의 질병으로 극심한 고통에 시달려야했다. 떠도는 말로는 현덕왕후가 꿈에서 뱉은 침 때문이라는 설도 있다. 용하다는 어의도 손을 대지 못해 쩔쩔맬 정도였다. 고름이 심해지자 치료를 목적으로 아산의 온양온천을 자주 다녔지만 그도 소용없었다.

결국 1468년 9월, 세조는 52세의 일기로 승하하였다. 여색을 밝히지 않았던 터라 후궁 박씨 한 명만을 더 들였으며, 슬하에 4남 1녀만을 남기고 세상을 떠났다.

세조가 떠나고 이제 남은 건 정희왕후의 고생길뿐이었다. 남편의 만행을 도운 죄를 몽땅 뒤집어쓰게 될 판이니 신중한 판단이 필요한 때였다. 이 순간 가장 중요한 건 한명회의 손을 놓지 않는 일이었다. 앞서 해양대군과 한명회의 셋째 딸 장순왕후의 혼례를 성사시킨 것은 현명한 선택이었다. 세조에 반(反)했던 세력이 언제 다시 왕위를 노릴지 모르는 상황이니 말이다.

이듬해인 1469년 세조의 빈자리를 메우려는 그녀의 노력은 예종의 갑작스런 죽음으로 다시 위기를 맞는다. 불과 14개월 만인 별안간의 일이라 빨리 자신의 편을 자처하는 후임자를 찾아 왕위에 올려야 했다. 순서대로 한다면 고민할 필요 없이 종실의 장손인 월산대군이어야 하지만 돌연 자을산군을 선택하게 된다. 이는 예종 때와 마찬가지로 자을산군이 한명회의 넷째 딸 공혜왕후와 혼인을 했었기 때문이었다. 한명회는 사위 덕을 보고, 정희왕후는 훈구파 세력의 실세와 손잡으며 명맥을 이어나갈 수 있으니 더 좋은 선택이란 없었다.

1469년, 자을산군이 성종으로 즉위한 뒤 자성대왕대비가 된 정희왕후는 곧바로 종친 정리 작업에 들어갔다. 13살의 어린 왕이라 단종 때와 비슷한 상황이 연출될 수 있었기에 그녀는 철저한 수렴청정을 강행했다.

가장 위험한 인물은 세종의 4남 임영대군의 둘째 아들 귀성군이었다. 그는 문무를 겸비했기에 왕이 될 재목이라는 평가를 받기도 했었다. 귀성군은 27세의 나이에 병조판서에 올랐고 이듬해 영의정에 임명되었다. 그는 능력도 출중했지만 특정 정당을 지지하지 않았기 때문에 정희왕후로서는 고민거리였을 게 분명했다. 그녀는 마땅히 그를 처리해야 할 명분이 없었지만 불안한 마음에 유배를 보냈다. 그 뒤 종친 관리 등용을 법으로 금지시키며 만일의 사태에 만전을 기울였다.

힘만으로는 안 되는 걸 알기에 회유책도 적절히 사용했다. 1472년(성종 3년) 노산군의 처 송씨에게 의식을 공급하고, 죄가 가벼운 자를 기록하여 올리라고 하는 등 구제책을 마련하기도 했다. 또한 유교를 받아들이며 화장 풍습을 없애고, 성내의 염불소를 폐지하는 등 상생하려는 분위기를 만들어 냈다. 이 외에도 농잠업 육성, 장리소 축소 등 백성을 위한 정책도 게을리하지 않아 안정된 왕권을 이어나갔다.

1476년 성종이 20세가 되자 그녀는 정치 일선에서 물러나 1483년 66세의 일기로 생을 마감했다. 세조가 승하한 뒤 16년, 정희왕후에겐 어떤 시간이었을까? 누군가 지루한 연대였다고 말한다면 그것은 그녀의 성공을 의미하는 셈일지도 모르겠다. 어쩌면 그녀는 세조의 뒤에 가려져 있었지만 세조의 조력자, 그 이상이 아니었을까?

희미한 발자취:
안순왕후 한씨

최근 문학 소모임에서 일흔 여섯인 '이〇〇' 할머니를 만났다. 남편이 살아 있을 땐 몰랐는데 일찍 떠나니 너무 허전하다고 말씀하셨다. 위로의 말을 건네줄 수 없기에 그저 듣고만 있었다. 할머니는 할아버지 없이 살아온 인생을 두서없이 말하다 끝내 "혼자인 나를 무시한다"며 눈시울을 붉히셨다. 누가 왜 할머니를 무시하는 것일까? 시장을 전전하며 장사를 오래 하셨는데 남편이 죽은 뒤론 실랑이가 끊이질 않았다고 한다. 손님보다 주변 상인과의 관계를 어려워하셨다. 시장에선 종종 시비가 붙기 마련이다. 흥정을 하던 손님과의 마찰, 내 자리를 지키려는 옆 상인과의 마찰 그리고 손님을 가로채지 말라며 소리 지르는 마주 앉은 상인도 있다. 이런 상황에서 남편이 있으면 나서서 어떻게 해주지 않을까란 기대를 가져보겠지만 혼자라면 뒷걸음질 치는 게 전부이다.

예종의 이른 죽음으로 안순왕후는 왕비의 지위를 누려 보지도 못하고 자리를 비켜줘야 했다. 목소리 한 번 크게 질러 보지 못하니 얼마나 서러웠을까. 남편을 일찍 떠나 보낸 여인의 애처로운 모습은 왕실에서도 별반 다르지 않았다.

해양대군(예종)에게는 장순왕후란 세자빈이 있었다. 그녀는 한명회의 셋째 딸로 1460년 세자 시절의 예종과 혼례를 치렀다. 세조의 맏아들 의경세자가 요절하자 예종은 본의 아니게 무거운 짐을 넘겨 받게 되었다. 계유정난의 일등 공신인 한명회 딸들과 왕실의 정략적 결합은 사림파를 견제하기에 좋은 타이밍이었다. 장순왕후는 이듬해 인성대군을 낳고 산후병으로 17세에 요절한다. 인성대군 또한 풍질에 걸려 1463년, 3세의 나이로 생을 마감한다. 세조의 며느리와 손자의 요절을 두고 현덕왕후의 저주라 부르는 사람도 있었다.

세조와 정희왕후의 마음은 불편했다. 그럼에도 세자빈을 바로 들이지 않고 3년상을 치른 뒤 1463년 동궁의 종5품 후궁인 소훈에 어린 한씨를 간택한다. 어린 안순왕후가 동궁에서 생활하게 된 건 아버지 덕분이라 추측된다. 당시 한씨의 아버지는 궁중의 음식에 관한 일을 감독하는 사용별좌(司饔別坐)로 있었기에 어린 딸을 데려와 소일거리를 함께 했을 것이다. 어린 예종과 한씨 그리고 세조 사이에 어떠한 감정이 흘렀는지는 실록에 존재하지 않는다. 다만 어수선한 상황을 정리하려는 세조의 눈에 특별히 모난 구석이 없었는지 1468년 한씨를 지목하여 왕비로 삼도록 했다. 안순왕후의 아버지는 검소하고 청렴한 사람이라 알려졌지만 그것과 왕비 책봉 문제는 논외였다. 더욱이 한명회의 딸이 죽었다면 비슷한 유명 가문의 딸을 데려와야 할 텐데 그런 기록은 전무하다. 예종이 해양대군 시절 어린 한씨와 어떻게 사랑을 꽃피웠는지 궁금증만 자아낸다. 어쨌든 한씨가 자녀를 낳기도 했고 세조가 병환으로 누웠으니 책봉 문제를 빨리 종결시키려는 정희왕후의 판단으로 예상된다.

한편 왕실에서는 소혜왕후(의경세자[덕종]의 비)의 존재도 무시할 수 없었다. 본의 아니게 의경세자를 떠나보냈으나 그의 두 아들 월산대군과 자을산군이 버젓이 살아있기 때문이다. 예종이 즉위 후 아프다는 소식을 듣자 발 빠르게 움직인 건 당연한 행동이었다.

소혜왕후는 혼란 속에서도 침착했다. 또한 동궁에 있으면서 어린 두 아들을 보살피는 것 이외에도 시부모를 극진히 모셨기에 세조의 총애를 받았었다. 장순왕후가 있었으나 수빈 직함을 유지할 수 있던 이유이기도 했다. 세조는 궁궐을 떠나 살겠다는 그녀를 만류해보지만 그녀의 결정을 막을 수는 없었다. 따로 거처라도 마련해 주고 싶은 마음에 지어준 건물이 지금의 덕수궁이다.

소혜왕후는 일보 후퇴 뒤 전진을 꾀하며 1467년 자을산군과 한명회의 넷째 딸(공혜왕후)의 혼사에 가담했다. 정희왕후와 한명회의 정치적 결탁이긴 하나 소혜왕후의 의중을 파악할 수 있는 부분이다. 자신의 아들과 함께 입지를 다질 생각이 없었다면 성종 즉위 후 안순왕후와 서열 문제로 부딪히진 않았을 것이다.

안순왕후의 등장은 짧고 굵은 게 아니라 짧고 가늘었다. 정치 성향이 강하다는 평가를 받은 예종이 제2의 세조가 되리라 기대했지만 급사하고 만다. 어려서부터 고질병으로 자리 잡은 종기가 말썽을 부리긴 했으나 사인으로 보기는 어렵다. 상황이 호전되고 있었다 하니 치료에 전념하고 있던 게 분명했다. 예종의 죽음을 두고 독살, 복상사 등 특이한 사인을 주장하는 사람도 있지만 확실치는 않다. 정황상 예종이 죽어서 이득을 보는 사람은 한명회 밖에 없지만 왕을 음해할 만큼 훈구파가 위태롭진 않았다.

안순왕후의 아들 제안대군은 아직 걸음마 단계니 왕위를 물려받기엔 무리가 있었다. 조선은 일반적으로 8세를 기준으로 세자를 책봉하며 부왕이 죽는 즉시 왕위에 오름을 원칙으로 한다. 그렇기에 가능성 있는 후보라면 의경세자(덕종)와 소혜왕후 사이에 낳은 두 명의 아들뿐이다. 물론 한명회가 왕의 장인이 되면 권세를 편히 누릴 수 있겠지만 그러한 이유로 혼자 위험을 감수하진 않았을 것이다.

세조의 죽음도 마무리되지 않은 시점에 섣불리 움직일 사람은 더더욱 아니다. 이처럼 뒷말이 끊이지 않는 건 예종의 죽음이 그만큼 갑작스러운 일이었기 때문이다. 어머니 정희왕후, 훈구파 한명회, 신숙주 그리고 왕비인 안순왕후까지 모두 놀란 나머지 의도하지 않은 침묵을 지키게 되었다.

예종이 급사한 뒤 안순왕후가 할 수 있는 말은 그저 "예, 알겠습니다"가 전부였다. 정희왕후, 소혜왕후 그리고 훈구파 사람들까지 모두 똘똘 뭉쳐 있었기에 소외되어 있었을 가능성이 높다. 제안대군은 4세, 소혜왕후의 큰 아들 월산대군 16세, 둘째 자을산군은 13세였음으로 월산대군이 왕위에 올라야 했다. 그러나 그는 병환 중이었고 정계에 큰 뜻이 없던 인물이라 정희왕후는 자을산군을 추천한다. 한명회의 넷째 딸과 혼인을 했기에 끈끈한 결속력을 유지할 수 있으므로 최선의 선택이었던 셈이다. 월산대군도 특별히 반발하지 않았으며 정희왕후는 정치에 공을 세운 사람에게 내리는 좌리공신 칭호를 하사한다. 이는 섭섭해 하지 말라고 달래는 의미로 주는 사탕과도 같은 것이었다.

이로써 정희왕후는 대왕대비가 되어 조선 개국 이래 최초의 수렴청정을 하였고, 안순왕후는 인혜대비로 책봉, 소혜왕후는 의경세자가 덕종으로 추존되며 인수대비가 되었다. 갑작스런 진봉에 대비가 두 사람이 되어버린 것이다. 왕실에선 서열을 반드시 정리해야 하므로 예종의 형인 덕종의 부인(인수대비)이 윗전이 되었다.

성종 즉위 후 대왕대비의 목소리는 높아만 갔다. 요절한 의경세자를 덕종으로 추존하는 일 자체가 서열을 정리하기 위한 구실이었을지도 모른다. 이에 제안대군은 1474년, 9세의 나이로 출궁하게 된다. 세종의 일곱 번째 아들 평원대군의 봉사손으로 입양 보내며 정통성을 유지하려 했던 것이다. 봉사손은 조상의 제사를 받들기 위한 손자이기에 정치에서 손을 떼라는 말과도 같았다.

성종은 제안대군이 성인이 되어도 자녀가 없음을 안타깝게 여겨

첩이 되는 자에게 상을 주겠다며 어명을 내린다. 명종 때 집필한 어숙권의 《패관잡기》에는 궁녀가 음경을 더듬으니 더럽다며 소스라쳤다는 표현이 나온다. 결국 제안대군은 죽을 때까지 자녀를 두지 않았기에 안순왕후도 항상 이것이 마음의 짐으로 남아있지는 않았을까.

안순왕후는 1498년에 승하했다. 생년이 미상이라 대략 50세의 일기로 생을 마감했다고 알려져 있다. 이상하게도 50세 전 그녀의 일에 대해서는 기록되어 있는 바가 없다. 사소한 의견이라도 말했으면 작게나마 기록되었을 텐데 아무것도 없다. 예종만 급사하지 않았다면 아니, 왕위를 물려받을 줄 알았던 아들 제안대군이 이방원 같은 패기만 있었어도 소혜왕후 앞에서 큰소리라도 한 번 쳐봤을 텐데 하는 생각이 들기도 한다. 한 나라의 왕비가 이리저리 치이다 조용히 생을 마감했다는 게 애처롭기만 하다.

침묵의 기록:
인성왕후 박씨

인종은 장경왕후 윤씨의 소생으로 1515년(중종 10년)에 태어났다. 중종의 후궁인 경빈 박씨의 아들 복성군이 먼저 태어났으나 중전으로 승격되지 않아 정비의 아들인 인종이 서열상 첫째였다. 경빈 박씨가 중종반정의 공신인 박원종의 혈통이지만 수양딸이라 정통성이 없었고, 장차 인종과의 다툼도 무시할 수 없었기 때문이다. 장경왕후는 산후병으로 엿새 만에 승하하였고 인종은 낯선 여인의 손에 길러지게 된다.

인종은 3살 때부터 책을 보았다고 알려져 있으며 10살이 되기 전 성균관에 들어가 강론을 펼쳤다고 한다. 지금도 고작 3살밖에 안 된 아이가 춤을 추거나 책을 읽는다면 놀랄 일이 아닐 수 없는데 당시 인종의 성장 속도는 정말 감탄할 만한 일이었다. 인종이 어린 나이에 난해한 한문을 읽고 대화를 나눴다는 건 공부에 재능이 있어서이다. 노장사상이라 불리는 도학(道學)에 심취한 이유도 중종의 신임을 받던 조광조의 사상을 일찍 깨우쳤기 때문이다.

1524년, 10살도 채 되지 않은 인종은 종5품 관직을 전전하던 박용(朴墉)의 딸을 세자빈으로 맞이한다. 《중종실록》에는 중종의 어머니 정현왕후가 이미 간택을 해 놓았다고 기록되어 있다.

인종이 세자로 있을 당시 특이한 점은 자녀가 없었다는 점이다. 박씨를 들이고 1544년 즉위할 때까지 20년의 긴 세월을 세자로 보냈다. 동궁의 삶에 자녀를 두지 않은 건 무슨 이유일까?

이것에는 여러 가지 설이 존재한다. 인종이 도학사상에 근거하여 금욕생활을 했다거나 이복동생인 경원대군의 왕위 문제 때문이라는 등의 소문이 무성하다. 경원대군은 중종의 둘째 계비인 문정왕후의 소생으로 훗날 명종이 된다. 문정왕후가 어머니를 일찍 여읜 인종을 적대시한 경향이 있으나 남녀의 정사를 방해할 순 없다. 그렇다면 도학사상에 심취하여 금욕생활을 했다는 게 사실일까?

도학은 노자의 사상에 근거하여 장자가 발전시킨 개념이다. 인간은 자연 그대로의 상태에서 가장 행복하기에 자연과 조화를 이뤄야 하고 인위적인 예를 추구해서는 안 된다고 한다. 성리학의 범주에 속하지만 부분적으로 다름을 알 수 있다.

인종은 《소학》을 배우며 조광조의 사상으로부터 영향을 받은 사람이다. 한국학자료센터의 족보 자료에 근거하면 조광조는 한산 이씨와 결혼해 슬하에 두 아들을 두었다. 인종이 금욕주의를 추구했다면 그에게 영향을 준 조광조 또한 나 홀로 인생을 살았어야 도리에 맞을텐데 도학사상에 심취하여 욕정을 참았다는 것은 개연성이 없다고 판단된다.

추려내다 보면 남는 건 불임설이다. 후궁인 숙빈 윤씨, 귀인 정씨의 등장도 이 주장을 뒷받침한다. 하지만 이후로 후궁을 더 들이지 않았다는 점에서 인종의 나약한 생산 의욕을 부정하긴 어렵겠다.

어린 인종과 인성왕후가 보고 자란 건 대윤과 소윤의 파벌 싸움이다. 대윤은 중종의 첫째 계비인 장경왕후의 오빠 윤임 세력을 뜻하고, 소윤은 둘째 계비인 문정왕후의 동생 윤원형 세력을 말한다. 대립이 본격화된 건 그토록 아들을 원했던 문정왕후가 1534년 35세의 나이로 경원대군을 낳았기 때문이다. 장경왕후가 인종을 낳고 산후병으로 생을 마감했기에 좋은 기회임이 분명했다. 세조의 장인 윤번의 후손인 두 왕후는 9촌 지간이다. 지금은 남이라 부르지만 왕실로 따지면 정략결혼으로 적극 활용될 수 있는 사이였다.

집안싸움을 보고 자란 인종은 크게 실망했을 것이다. 조광조는 중종이 이상적인 정치가 무엇인지 묻자 "도는 성하지도 쇠하지도 않아 변함없으니 백성의 뜻을 받아 천지의 기와 어울려 하나 된다면 음양의 기운을 뿜어댄다"고 했다. 다시 말해 조화를 추구해야 함을 말한 것인데 이런 가르침을 받고 자란 인종에게 집안싸움으로 번진 정치판은 답답함 그 자체였을 것이다. 인종이 이 더러운 싸움에 끼지 않겠다고 다짐을 했다면 인성왕후에게도 그 영향이 분명 미쳤을 것이다.

동궁에 불을 지른 사람을 거듭 찾아보았으나 찾지 못했다. 불이 타기 시작한 곳은 전각(殿閣)이 아니고 차비문(差備門) 안의 첫 번째 방인 듯하다. 그러나 그 방은 여러 사람이 변소에 다니는 길가라서 사람의 왕래도 많고 주방(主房)의 여종이 마침 일하는 곳에 가고 빈방이었을 때에 화염이 갑자기 치솟았으므로 누구의 실화(失火)인지 모르는 것이다. 만약 범인을 명백히 안다면 통렬히 다스려서 그 뒷일을 징계해야 할 것이다. (중략)

1543년(중종 38년) 1월 7일, 동궁에 불이 났다. 사람이 많이 드나드는 주방에서 발화되었기에 범인을 찾기는 어려웠다. 중종은 급히 세자의 안위를 물었고 안도의 한숨을 쉬었다. 피신한 곳을 자세히 살피지 않고 아뢴 윤은보 등을 나무랐으며 해괴한 일이라 괴로워했다. 역사소설에는 이 방화 사건을 문정왕후의 소행으로 부풀려 놓았다. 시기상 세자를 노릴 만한 인물이 소윤 세력 밖에 없었으니 합리적 의심을 할 만 했다. 중종은 그 해 병환이 깊어져 인종에게 대리청정을 맡겼고 이듬해 57세의 일기로 생을 마감했다. 이제 인종 곁엔 정적인 소윤과 자신을 등에 업고 권력을 휘두르는 대윤, 그리고 아무 말이 없는 인성왕후뿐이었다.

인종은 1544년, 30세의 나이로 즉위했다. 그는 도학사상을 다시 깨우치고자 숙청된 조광조 일파를 신원하고 '현량과'를 다시 설치하는 등 정치적 개혁의 움직임을 보였다. '현량과'는 시험만 잘 보면 된다는 식의 접근보다는 덕도 갖추어야 한다며 조광조에 의해 시행되었던 시험 제도였다. 아버지의 죽음으로 대신들이 잠시 정세를 돌보았으나 인종은 자신의 뜻을 펼쳐야 한다는 생각이 뚜렷했다.

하지만 이듬해 8월, 재위한 지 9개월 만에 그는 세상을 떠나고 말았다. 사인은 알 수 없는 병으로 인한 급사라고 했다. 상례 중 단식을 너무 오래하여 몸에 무리를 주었다며 말이다. 《인종실록》에는 인종이 중종의 죽음에 울음을 그치지 않은 것이 다섯 달이었으며 죽만으로 겨우 끼니를 해결했다고 나오기에 슬픔에 잠겨 몸을 제대로 간수하지 못했다는 주장이 설득력을 가진다. 일각에선 문정왕후의 독살설을 주장하기도 했으나 증거가 없다. 문정왕후가 준 오색떡을 먹고 난 뒤 쓰러졌다는 설이지만 이는 전해지는 이야기에 불과하다.

명종이 즉위한 뒤 공의왕대비가 된 인성왕후의 소식은 간간히 전해졌다. 《명종실록》에는 왕대비가 태어난 날 연회를 했으면 하는 명종의 말에 흉년이 너무 심해 다음을 기약하자는 내용이 있다. 또한 어머니를 뵈러 갔다거나 명종의 문안을 받았다는 등 소소한 일상만이 기록되어 있을 뿐이다. 인종을 여의고 23년이 지난 1577년(선조 10년), 그녀는 64세의 일기로 생을 마감했다.

인성왕후는 시작과 끝이 조용한 왕비였다. 남편 인종이 조선 왕조에서 가장 짧은 재위 기간을 기록하며 세상을 떠났기에 그녀 역시 역사의 뒤안길로 잊혀 갔다. 20년 동안 세자로 있으면서 자녀 한 명 만들지 않았으니 남긴 걱정조차 없어 오히려 홀가분했을까? 이렇듯 저렇듯 혼자 남겨진 23년 동안 인종은 그녀에게 야속한 남편임은 틀림없다.

아내의 의리:
인선왕후 장씨

효종의 아내 인선왕후는 남편보다 더 적극적으로 척화 사상을 강조했다. 어린 시절 청나라로 끌려간 자신을 지켜준 남편의 애정 때문이었는지 그녀는 죽는 순간까지도 남편의 편에 서 있었다.

1636년 인조는 영원히 치유될 수 없는 상처를 입었다. 청나라의 무리한 공물 요구에 불응하던 조선은 병자호란으로 쑥대밭이 되고 말았다. 지렁이는 밟으면 꿈틀하지만, 그저 꿈틀거릴 뿐 밟은 자를 이기지는 못한다. 인조는 꿈틀거리지도 못했다. 그저 겁먹고 도망을 다닐 뿐이었고, 그러다 붙잡혀 삼전도의 굴욕을 겪어야 했다. 청나라 황제 홍타이지는 이듬해 조선을 속국으로 묶어 두려고 왕자를 볼모로 잡아갔다. 뿐만 아니라, 유명 가문의 자제들까지 데려가 청나라의 사상을 주입시키고 청나라를 받들게 했다.

이 무렵 약관의 나이였던 장씨 역시 한 살 어린 남편 봉림대군과 소현세자, 세자빈 강씨와 함께 심양으로 향했다. 뛰어난 장수였던 봉림대군이지만 할 수 있는 일이 없었다. 그저 끌려가 개돼지처럼 눈치를 보며, 살면서 달아날 기회를 엿보는 게 전부였다. 자존심 센 성격의 봉림대군은 두고두고 순간을 기억했을 게 분명하다. 소설가 이수광은 《조선을 뒤흔든 16인의 왕후들》에서 청나라로 건너간 장씨가 봉림대군을 걱정하는 마음을 이렇게 표현해 놓았다.

> 양반의 부인을 간음하여 말에 태우고 남편에게 말고삐를 잡게 하여 심양으로 끌고 가는 청나라 군사도 있었다. (중략) 장씨는 봉림대군의 손을 잡고 눈물을 흘렸다. 청나라에 끌려온 지 벌써 여러 해가 지나고 있었다. 청나라는 소현세자와 봉림대군에게 명나라와의 전쟁에 참여할 것을 요구했다. (중략) 장씨는 심양에서 밤마다 봉림대군을 위하여 천지신명께 빌었다. 봉림대군은 청군의 산해관 전투에 참여했고 승리하여 돌아왔다.
>
> — 이수광, 《조선을 뒤흔든 16인의 왕후들》 중에서

장씨는 심양에서 첫 딸 숙안공주를 낳았다. 봉림대군은 요절한 숙신공주에 이어 또 딸을 낳아 울먹이는 아내를 위로했다. 소설에서 허구적인 설정이지만 자상한 면모가 있음을 강조했다. 그는 큰 체구에 비해 성격이 급했다고는 하나, 호위 무사들을 아꼈고 공처가로 알려져 있다. 왕으로 즉위한 뒤 후궁 안빈 이씨를 맞았을 정도

로 장씨와 보낸 시간이 길었다.

8년 뒤 1644년, 소현세자는 왕위를 물려받으러 먼저 조선으로 돌아왔다. 그간 서양 문물의 필요성을 인지했는지 개방으로 인한 의견 충돌로 아버지와 갈등이 잦아졌다. 그러다 석 달 뒤 세자가 죽는 어처구니없는 일이 일어났다. 시체가 검게 변해 있어 독살 가능성에 무게를 두었지만 원한을 살 만한 인물은 아니었다. 물론 인조가 범인이라며 수군거리는 대신들도 있었다. 아버지가 아들을 죽이는 건 납득이 되지 않지만 2년 뒤 세자빈 강씨를 역모죄로 사형시켰기에 의심은 더욱 증폭되었다.

정통성에 따르면 소현세자와 민회빈 강씨 사이에 낳은 아들 경선군이 왕위에 올라야 하는데 인조는 거절했다. 그는 자신의 굴욕을 씻어줄 사람이 필요했기에 봉림대군을 지목했다. 아버지의 후원을 받은 봉림대군은 조선으로 돌아와 세자에 책봉되고 개혁을 준비했다.

1645년 귀향 시점에서 생각해 보면 볼모 생활은 봉림대군과 장씨를 더욱 끈끈하게 해준 시간이었다. 장씨는 자신을 지키려는 남편에게 어떻게든 보답하고 싶었을 것이다. 훗날 아들 현종이 즉위한 뒤 척화 세력이 약해졌어도 청을 쳐야 한다는 신념은 잃지 않았으니 말이다. 그것이 먼저 세상을 떠난 남편의 고마움에 보답하는 유일한 길이었다.

1649년 부왕이 죽자 효종이 즉위한다. 효종은 북벌을 계획했지만, 친청 세력이 걸림돌이 되었다. 그는 아버지 때부터 이어진 서인과 동인의 갈등을 멈추고자 스승인 송시열을 입궐시키는데, 급진적인 성격의 송시열 덕분에 오히려 서인 내부에서까지 공서파와 청서파가 첨예하게 대립하게 된다. 인조를 왕위에 옹립했던 공서파는 청나라를 친다는 건 무모한 짓이라며 청에 밀고를 해버렸고, 이에 조정은 일본의 침입에 대비한 것이라며 변명하기에 급급했다. 이 때문에 북벌론은 잠시 주춤하게 됐고 공서파의 중심인물인 김자점 등은 유배를 가야했다.

당시 조선은 임진왜란을 겪으며 포수의 필요성을 절실히 느꼈다. 조총 같은 신무기를 상대하기 위해서라도 군사조직 개편은 불가피했다. 그런 사유로 창설된 중앙군에는 훈련도감으로 대표되는 오군영, 지방군으로는 속오군이 있었다. 효종은 지속적인 군비 강화를 위해 양반에게 따로 군포를 거두는 등 정비에 힘을 쏟았다.

청나라가 이를 눈치챘는지 급히 조선에 병력을 요청했다. 1654년 러시아 군이 흑룡강 근처에서 기회를 엿보고 있었기 때문에 출정 준비를 하던 상태였다. 실력 좋은 포수 100명이 필요하다는 청나라의 요청에 거절하고 싶은 마음이 굴뚝같았지만 병자호란 때 맺어놓은 강화 조약을 깨뜨릴 수는 없었다.

효종은 다시 기회를 엿보기 시작했다. 1657년 송시열은 18가지의 북벌 계획을 아뢰었다. 이를 〈정유봉사〉라 하는데 군주의 사치를 없애고 민심을 얻으라는 내용이 주를 이루었다. 인선왕후는 한

귀로 흘리지 않고 궁궐에서 행해지는 투호, 무당굿 등 산만하고 조잡스런 행위를 금지시켰다. 종묘에 쓸 술을 제외하고는 빚지 못하게 했고, 경로잔치를 열어 민심을 얻는데 집중했다. 또한 전시 상황에 대비해 단색이던 이불을 진한 녹색과 붉은 색을 섞어 만들게 했다.

그녀의 이러한 노력은 안타깝게도 이듬해 청나라의 2차 파병 요구에 물거품이 되고 만다. 1차 파병 때보다 두 배나 많은 인원을 요구했으며 청나라군의 끼니까지 준비해야 했다. 전쟁은 승리했지만 청나라를 격파하려는 시도는 점점 더 멀어져만 갔다. 엎친 데 덮친 격으로 1659년 효종이 41세의 일기로 생을 마감했다. 과로로 남편이 죽자 혼자 덩그러니 남겨진 인선왕후는 아들 현종이 뜻을 이어줄 거라 믿는 수밖에 없었다.

결과만 놓고 보자면 효종은 애초에 북벌 계획이 없었을지도 모른다. 왜란의 아픔도 제대로 아물기도 전에 두 번의 호란을 겪어야 했다. 군 정비가 시급한 문제였기에 갑작스런 대규모 징집은 무리가 있었다. 끌어 모은다 해도 10만 대군을 자유로이 활용 가능한 청나라를 상대해야 하기에 철저한 일당백 정신으로 훈련시켜야만 하는데, 대동법 시행으로 양반의 미움을 산 상태에서 사병을 모으기도, 훈련시키기도 어려운 시국이었다.

송시열 중심의 신당에게서 강력한 지지를 받기는 했으나 두 차례의 파병에 군소리 없이 순응한 건 너무나 보수적인 입장이었다. 효종은 나이가 들며 자신의 호탕함 대신 평화를 선택했다. 지키고 싶은 게 생기면 변하듯이 그도 점차 변해갔던 건 아니었을까.

효종이 죽고 왕위를 이어 받아야 할 현종이 왕위를 꺼려하자 화가 난 인선왕후는 대왕대비인 장렬왕후에게 교지를 내려 달라 간청했다. 그녀는 아들에게 남편을 마지막으로 간병한 어의를 벌하라 했으나 그러지 않았다. 머리에 난 종기를 살펴본 게 전부라 합당한 사유가 아니라며 온건한 태도를 내비쳤다.

인선왕후는 자신의 고집보다도 아들의 나약한 모습에 더 화가 났었다. 더욱이 왕실은 때 아닌 예송논쟁에 휩싸여 논쟁 중이었기 때문에 인선왕후는 염증을 느끼기 시작했다. 예송은 궁중에서 지켜야할 의례로써 효종이 죽자 의붓어머니인 자의대비가 상복을 몇 년입어야 하는지가 문제였다. 적통이 아니라 1년이면 충분하다는 송시열 일파와 그렇지 않다는 대신들이 서로 힘겨루기를 했다. 아들이 자리를 제대로 잡지 못하자 북벌론도 자연스럽게 사그라들기 시작했다. 실무에서 밀려난 그녀는 효숙대비로 진봉한 뒤 1674년, 56세의 일기로 생을 마감했다.

인선왕후가 척화파인지 아닌지 의문을 품는 사람들이 많다. 외가의 급진적 성향에 그녀도 영향을 받았으리라 추측되지만 어릴 때 가례를 올려 가능성은 적다고 판단된다.

척화 사상이 중요한 게 아니라 상황이 그녀를 변하게 만들었다. 어린 나이에 볼모로 잡혀가 남편이 언제 죽을지 몰라 노심초사하며 지내야 했던 세월이 장장 8년이었다. 그 시간 동안 그녀는 남편이 살아 돌아갈 수 있도록 계속 잡아주었다. 그 과정에서 그녀도 성장했을 것이고, 변해갔을 것이다.

겉으로 보기에는 남편이 아내를 지켜주는 것 같지만, 실제로는 아내가 남편을 잡아주고 지켜주는 경우가 더 많다. 남편은 물리적으로만 아내를 지켜주지만, 아내는 남편의 내적인 부분까지 지켜주기 때문에 현명한 아내 덕분에 성공하는 바보 온달 이야기도 있는 것이다. 인선왕후 장씨 역시 그렇게 남편을 지켜주고 싶었을 것이다. 그가 살 수 있도록, 힘을 가질 수 있도록 그렇게 지키고 싶었을 것이다.

눈물을 삼키다:
선의왕후 어씨

경종은 노론과 소론의 말싸움에 종일 시달렸다. 아버지 숙종이 내준 숙제는 애초부터 풀어낼 수 없는 문제였다. 열네 살에 시집온 빈궁 어씨가 감당할 만한 싸움도 아니었다. 열여덟 살 많은 남편이 만날 울상이니 그녀도 덩달아 눈물을 흘렸다고 한다. 정치적으로 식물인간이 된 경종을 도울 수 있는 사람은 아무도 없었다. 노론이든 소론이든 짜증나는 건 매한가지였다.

경종의 아버지 숙종은 1674년 14세의 나이로 왕위에 올랐다. 현종의 말로를 지켜보던 그는 급진적인 서인을 대거 척결하였다. 송시열을 비롯한 서인 실세들은 조정에서 쫓겨나거나 유배를 갔다. 게다가 송시열은 제자 윤증과 회니사건으로 사이가 틀어졌다. 회니는 송시열이 윤증의 아버지 윤선거의 묘갈명(墓碣銘) 작성을 거절한 일화를 말한다. 병자호란 당시 친척, 부인 등이 순절했는데 윤선거 혼자 멀쩡히 살아 돌아왔기에 아니 꼽게 본 것이다.

썩은 동아줄은 잡지 않듯이 서인을 끌어줄 이름난 대신은 아무도 없었다. 이틈에 남인은 예송논쟁에서 승리하며 제1정당으로 우뚝 선다. 그럼에도 숙종은 등용 기회를 노리던 서인계 인사 김석주를 데려와 남인을 견제하는 치밀함을 보였다.

도약할 기회를 엿보던 서인은 1680년 경신환국으로 기세가 올랐다. 조정은 북벌론을 지나치게 강조하던 윤휴나 허적 등이 말썽이었다. 그러다 허적이 주최한 연회 도중 비가 오자 궁중의 기름칠한 천막(유악)을 허락 없이 가져다 쓴 일로 숙종의 노여움을 샀다. 결국 숙종은 군권을 서인에게 넘기며 남인을 멀리서 지켜보게 했다. 그해 삼복의 옥이라 하여 인평대군의 아들 복창군, 복선군, 복평군 삼형제가 역모를 꾸몄다는 김석주의 밀고를 받기도 했었다. 숙종이 남인 척결에 망설이지 않자 서인은 정권을 되찾았다.

잠시 대립이 완화되는 듯 했으나 희빈 장씨 덕에 다시 아수라장이 된다. 이듬해 숙종은 인현왕후와 혼사를 치렀지만 장희빈에게 빠져있던 상황이었다. 장씨는 보답이라도 하듯 아들 경종을 낳으며 어깨에 힘을 잔뜩 넣고 다녔다. 입지가 좁아진 남인은 기회라 생각하며 장희빈을 적극적으로 지지했다.

하지만 1694년 무수리 출신 후궁, 숙빈 최씨가 연잉군을 낳게 되고, 이를 계기로 대신들은 왕세자 책봉으로 서로 견제하기에 바빴다. 소론은 경종을, 노론은 연잉군을 지지하며 파벌 싸움이 극에 치달았다. 1701년, 인현왕후와 진흙탕 싸움을 벌였던 희빈 장씨가 사약을 받자 남인도 함께 사라졌다.

예송, 환국 등을 거치며 어지럽게 살았던 숙종도 불쌍하지만 그의 어린 아들 경종은 어떠했을까. 동방예의지국이지만 상복을 1년 입느니 3년 입느니 싸우는 것은 참으로 부질없는 짓이 아닐 수 없다. 진심어린 예는 없고 다들 소속된 정당의 실리만 추구하고 있는 것이다.

한심한 정권을 가장 잘 이용하는 건 양반이다. 매관매직이 난무했고 부패한 관리의 사건이 끊이질 않았다. 경종이든 이복동생 연잉군이든 어른에게서 보고 배울 게 하나도 없는 상황이었다. 열네 살이던 경종은 설상가상으로 어머니가 사약을 받는 걸 지켜보아야 했으니 한이 맺혔을 게 분명하다.

선의왕후는 1705년 정5품 관직에 있던 어유구의 딸로 태어났다. 아버지가 노론과 가까웠기에 그녀도 아들을 낳으면 희빈 장씨처럼 정치적 희생양이 될 가능성이 높았다. 하지만 성격이 차분했고 예를 중요시했다고 한다. 어씨의 어머니는 태몽으로 해와 달이 나란히 떠 있는 이상한 꿈을 꾸었다. 해와 달에 우선순위를 두지 않는다는 의미인지 세자빈에 책봉되었어도 유희를 뒤로 하고 단정함을 유지했다. 《영조실록》 계해 2번째 기사에서는 숙종이 그녀의 품성에 감탄했다는 표현이 나온다.

처음 입궐(入闕)할 때의 나이 겨우 14세이었는데, 질풍 폭우(疾風暴雨)를 만나도 엄숙하게 앉아 조금도 얼굴을 변하지 않았다. 임금이 크게 기특하게 생각하였다. (중략) 숙종께서 늘 손을 잡고 하교하시기를, '나는 너의 착함을 알고 있으니, 훗날에 너를 믿는 것이 많을 것이다.' 하였다. 또 하교하시기를, '듣건대, 너의 증왕모(曾王母)께서 오래 살고 복이 많았다고 하니, 너도 그와 같기를 바란다.' 하였는데, 후께서 물러나와 좌우(左右)에게 말하면서 울기까지 하였었다.

숙종이 며느리 어씨에게 믿음을 보이며, 복이 많기를 바란 것은 어쩌면 죽은 아내를 지키지 못한 상처일 수도 있겠다. 혹은 희빈 장씨와는 다르게 너는 아내의 도리를 잘 지켜 경종에게 나와 같은 아픔을 겪게 하지 말아 달라는 부탁일 수도 있지 않을까?

그런 숙종의 바람은 지켜 나갔을지 몰라도 다른 의미로 선의왕후는 숙종을 볼 면목이 없었다. 안타깝게도 후손을 낳지 못했던 것이다. 하지만 열한 살에 들어온 단의왕후(경종 즉위 전 사망한 세자빈)도 23년간 자녀가 없었기 때문에 문제는 선의왕후가 아니라 경종임이 틀림없어 보인다. 여색이 없어도 당파 싸움을 진정시키려면 세자가 반드시 필요한 상황이었다. 경종이 허약체질이란 설도 있지만 병환으로 오래 누워 있었다는 기록은 없다. 불임에 대한 원인은 알 수 없지만 왕의 자리가 하루라도 편할 날이 없어 스트레스를 받는 건 기정사실이니 이것이 원인이었을지도 모를 일이다.

대리청정 시절 신하들이 보기 싫었는지 경종은 대답도 짧게 했었다. '유의' 혹은 '아뢴 대로' 하겠다는 등 결단력이 없이 얼버무리자 신하가 되묻기도 했다. 이는 삐뚤어진 왕을 올바르게 모시고자 직언하는 충신의 태도와는 다르다. 그들은 자신들이 조정을 주무르고 있다는 사실에 쾌감을 느끼고 있었다. 경종은 자신을 기다리게 한 사관에게 화를 낸 적이 있었지만 대체로 신경 쓰고 싶지 않다는 태도로 일관했다. 예는 알아도 남편을 도울 수 없었던 어린 왕비, 정치에서 물러난 아버지, 거기에 이복동생 연잉군을 지지하는 노론까지 짜증날 만한 상황이었다.

1724년 경종은 37세의 일기로 생을 마쳤다. 그해 왕세제였던 연잉군이 왕위에 올라 영조 시대를 열었다. 순조롭게 왕위에 오른 것처럼 보이나 경종의 양보가 없었다면 불가능했다. 후손을 얻지 못하자 선의왕후가 양자를 들이려했다는 설도 있다. 근거는 없지만 1년 만에 왕세제가 정해지는 정치판에 손을 놓고 있기는 어려웠을 것이다. 또한 경종의 죽음에 독살설이 나돌았으나 추측만 난무할 뿐 이를 밝히려는 소론의 적극성은 사라진 상태였다.

영조는 탕평책을 실시하며 당파 싸움을 바로잡고자 했다. 탕평책은 인재를 고루 등용하는 제도로 조정을 안정시키기에 적절한 방책이었다. 노론도 집권당이었지만 한쪽에 치우치려 하지 않았다. 그는 아버지와 형이 권세가들에게 시달리는 것을 옆에서 지켜보았다. 자신이 왕이 되면 무엇을 어떻게 할 건지 미리 고민했던 흔적인 셈이다.

선의왕후는 경종이 죽자 며칠간 대성통곡하며 즐겨 먹던 음식도 입에 대지 않았다. 남편이 죽기 전 정성을 다하여 간병했기에 오랜 기간 몸이 야윈 상태였다. 마음이 진정된 후 경종이 따랐던 규제를 근본으로 삼으며 크고 작은 일을 판단했다고 한다. 슬픔이 컸던지 선의왕후가 경순왕대비가 되고 영조와 사이가 좋지 않았다는 이야기도 있다. 《영조실록》 경자 2번째 기사에는 "영조가 권도(權道)에 따를 것을 아뢰었으나 윤허하지 않았다"고 나와 있다. 어떤 중대사인지 알려지진 않았지만 당찬 기색이 느껴진다. 열두 살이나 어린 대비에 예를 갖춘 영조의 훌륭한 인품도 드러나는 장면이다. 1730년 선의왕후가 26세의 일기로 승하하자 영조는 상복의 예절을 의논하고 경계를 강화했다.

그녀는 요절했다. 역사는 사인을 말하지 않았고 성품이 순하다는 기록만을 남겨 두었다. 대신들이 견제할 만큼 위험인물도 아니었기에 야사에서는 스스로 선택한 죽음의 가능성도 조심스럽게 제기되고 있다. 이렇듯 그녀의 삶은 조금 가련했고, 죽음은 조금 허무했다.

마지막 황후:
순정효황후 윤씨

2000년대 이후 위대한 여성이 많이 등장했다. '등장'이라 표현한 이유는 탄생보다 재발견에 가깝기 때문이다. 남성우월주의가 싫었던 여성도 있었고, 누가 되었든 뛰어난 사람이 리더여야 한다는 목소리가 높아졌다. 남자들에 가려 보이지 않던 여성의 뛰어난 능력이 돋보이기도 했다. 반면 극에 달한 '헌신의 힘'을 보여준 여성도 뒤늦게 알려졌다.

매혜란(Helen Mackenzie)·매혜영(Catherine Mackenzie) 자매는 호주 출신으로 한국전쟁 당시 선교사로 입국했다. 다들 전쟁 때문에 떠나가던 시기에 가방 하나 달랑 들고 배에 올라탔다. 그녀들은 부산과 경남 일대에서 나병을 치료하여 나환자의 아버지로 불리던 맥켄지(한국 이름: 매견시) 선교사의 딸이다. 아버지가 활동했던 부산으로 돌아와 시급했던 분만실 간호사의 양성에 힘을 쏟았고, 1952년 일신기독병원을 설립하며 돈이 없는 산모들을 도왔다. 호주로 돌아간 뒤 병원이 자금난에 허덕인다는 소리를 듣자 모금 활동에도 앞장섰다.

그녀들은 왜 그랬을까? 모른 척해도 될 텐데 굳이 앞으로 나섰다. 그녀들은 앞서 한국에서 선교 활동을 했던 아버지의 신념을 이어받았다. 누군가 돕지 않으면 안 될 때, 그 누군가가 되어야 한다는 가치관을 가졌던 것이다.

조선의 마지막 황후인 순정효황후 윤씨도 그랬다. 대한제국이 수립되며 조선이란 국호도 퇴색했지만 죽는 순간까지 조선을 지키려 했다. 이유는 간단했다. 이전의 왕비들도 그랬고 자신도 왕비가 되었으니 그래야 한다고 생각했다. 조선을 지키는 건 그녀가 백성을 위해 할 수 있는 유일한 업무였다.

1897년(고종 34년) 조선은 애처로운 숨을 이어가고 있었다. 고종은 을미사변으로 명성황후를 잃었고 조선은 존폐의 기로에 서 있었다. 러시아는 대일감정이 고조된 조선의 왕을 보호해야 한다며 데려갔지만 일본과의 힘겨루기를 위한 구실이었다. 열강들이 멋대로 조선을 주무르자 백성들은 스스로 나라를 지키기 위해 나서기 시작했다.

서재필은 독립신문을 창간하며 민중의 주체성을 일깨우려 했다. 조선 말 시민공동체인 만민공동회가 조직되며 고종의 환궁에 영향을 주었고, 독립문을 세우는 등 자주국방의 염원을 높여갔다. 그해 10월 12일, 대한제국이 수립되며 고종은 왕이 아닌 황제로 등극했다.

하지만 헤이그 밀사 사건으로 고종이 물러나고 황태자였던 순종이 황제의 칭호를 이어갔다. 황제였지만 황제라고 해서 특별히 무언가 할 수 있는 권한은 없었다. 황제든 왕이든 상관없이 일본에게 숙여야 했던 건 마찬가지였으니 말이다. 헤아릴 수는 없지만, 순종이 억눌러야 했던 한(恨)이 얼마나 많았을까? 결국 어떤 식으로든 그 한을 표출하지 못한 순종이 안타까울 뿐이다.

'한일병합조약'이 1910년 8월 22일에 체결되고 8월 29일에 공포되었다. 일제는 '병합(倂合)'이란 용어를 쓰도록 지시했다. 일제는 분명하게 대한제국을 '병탄(倂呑)'했지만, '병합(倂合)'이란 단어를 사용함으로써 보기 좋게 포장하려 했다. 그러나 분명히 말하지만 일제는 대한제국을 병탄했기에 이 조약은 '한일병합조약'이 아니라, '한일경술늑약'이라고 해야 한다.

'한일경술늑약'은 대한제국이 일제에게 일체의 통치권을 넘기는 것에 동의한다는 내용이다. 순종은 끝내 이를 거부했지만, 이토 히로부미의 추천으로 내각 총리대신이 된 이완용이 사인을 했다.

수장이란 사람은 외압을 버거워 했고, 국정 문제를 처리하는데 사사건건 허락을 받아야 했다. 이 와중에 눈도 꿈쩍하지 않는 사람이 있었다. 나라의 이름이 무엇으로 바뀌든 순정효황후 윤씨는 조선의 정체성을 지켜야 한다고 생각했다. 얼마나 애통했는지 늑약 당시 옥새를 치마에 감추었다고 전해진다. 유명한 일화지만 출처는 불분명하다. 어쨌든 열일곱 살 어린 소녀의 용기를 높게 평가한 사람이 많았다.

황후 윤씨는 1894년 친일 귀족인 윤택영의 딸로 태어났다. 그가 고종의 계비인 엄귀비와 결탁하여 딸을 동궁에 입궐시켰다는 설도 있다. 엄귀비는 자신을 받쳐줄 권세가가 필요했고 윤택영은 조정을 주무를 만한 위치가 필요했다. 직접적인 근거는 없지만 부풀려진 내용은 아니라 본다. 《고종실록》 48권 1번째 기사에는 태자비 모집 마감 날에 모인 단자(單子)는 8명뿐이라 나와 있다. 친일 성향이 강했던 문신 김사철은 신원보증서인 단자가 적게 들어와 실망했다. 태자비 후보에 해당되면서도 단자를 올리지 않은 가문을 적발해 죄를 내리겠다며 으름장을 놓기도 했다. 조선의 유력 가문들이 발을 뺀 혼사에 적극적인 건 계획된 게 분명해 보인다.

1906년 13세에 태자비가 된 윤씨는 불과 3년 만에 역사의식을 갖춘 국모가 되었다. 아이러니하게도 윤택영의 장남 윤홍섭은 훗날 독립운동가가 된다. 윤택영은 일제강점기에 빚쟁이로 몰려 중국으로 망명했고 뜻밖의 객사를 당했다. 아버지를 대신해 사과라도 하고 싶었는지 황후는 조선을 포기하지 않았다.

상황이 사람을 변하게 만든다. 나라가 넘어갈 위기에 황후가 되니 지켜야 한다는 생각이 앞섰을 게 분명했다. 이리저리 끌려다니는 순종을 바라보며 당장 후사를 기대하긴 무리였다. 늑약으로 순종은 이왕(李王)이 되고, 황후는 이왕비(李王妃)로 불리며 모든 권한을 빼앗겼다. 일제의 수탈로 모멸감이 쌓이던 중 1926년 순종마저 심장마비로 사망하고 만다.

낙선재에 홀로 남겨진 그녀는 해방 후 이승만의 견제를 받기도 했다. 초대 대통령으로 대한민국 정부의 수장인 그는 황실을 존중하지 않았다. 예우는커녕 한국전쟁이 발발하자 윤씨를 궁궐에 내버려둔 채 피난길에 올랐다. 윤씨는 자기가 있어야 할 곳은 여기라며 강경한 태도로 일관했지만 신변을 염려한 상궁들이 부산으로 모셔갔다. 게다가 이승만은 전쟁이 끝나고 창덕궁은 국유재산이라며 윤씨의 출입을 금지시켰다. 또한 조선의 마지막 황녀인 덕혜옹주의 입국도 거부했다.

4·19 혁명으로 이승만 정권이 붕괴되자 그녀는 구황실의 사무총국장이었던 오재경의 도움으로 환궁하게 되고, 1962년이 되어서야 덕혜옹주를 만나게 된다. 내각제를 유지하는 나라에서는 오늘날까지도 황제에 대한 예를 갖추고 있다. 이승만 정권이 무엇을 꿈꾸었는지 몰라도 조선의 끝을 제대로 매듭짓지 않고 내버려둔 건 지적받아 마땅한 부분이 아닐 수 없다.

"윤비는 61년 낙선재로 돌아와 피아노 연주와 불경 읽기로 소일하셨지. 늘 내게 '비록 왕조는 망했지만 궁녀로서의 체통과 권위를 지켜야 한다'고 가르치셨어."

성씨는 상궁 시절을 이렇게 주변에 회상했다고 한다.

이는 2001년 3월 9일자 〈중앙일보〉 기사의 일부이다. 성옥염씨(기사 속 성씨)는 조선의 마지막 상궁으로 1966년 황후 윤씨가 세상을 떠날 때 옆에 있어준 사람이다. 윤씨는 정부에서 주는 보조금 17만원으로 함께 있던 식솔들과 낙선재에서 지냈다. 남겨둔 돈은 상궁들의 생활을 돌보는데 쓰라는 유언을 남기며 73세의 일기로 생을 마감했다.

일본의 고위 관료 앞에서도 당돌했고, 인민군의 총 앞에서도 낙선재를 지켰던 사람이 순정효황후 윤씨이다. 어쩌면 조선은 그녀에게 너무 어려운 짐을 주었는지도 모른다.

조선은 그녀에게 어떤 의미였을까? 명분은 사람을 변하게 만든다. 매혜란 · 매혜영 자매도 자신들이 반드시 있어야 한다고 믿었기 때문에 떠나지 않았다고 한다. 윤씨는 자신의 명예가 아닌 국가의 명예를 위해 투쟁한 사람이었다. 비록 누군가의 어머니는 아니었으나, 국가의 어머니였던 순정효황후를 위대한 여성이라 말하고 싶다.

부록

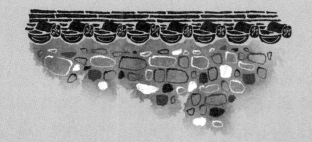

조선 왕조 계보

제1대
| 태조 1392-1398

제2대
| 정종 1398-1400

제3대
| 태종 1400-1418

제4대
| 세종 1418-1450

제5대
| 문종 1450-1452

제7대
| 세조 1455-1468

제14대
| 선조 1567-1608

제15대
| 광해군 1608-1623

| 원종

제16대
| 인조 1623-1649

제17대
| 효종 1649-1659

제22대
| 정조 1776-1800

제23대
| 순조 1800-1834

| 익종

| 은언군(장조의 서자)

| 전계대원군

제25대
| 철종 1849-1863

| 은신군(장조의 서자)

| 남연군

| 흥선대원군

영화와 드라마로 보는
조선 왕조

　이미 세간에는 조선 왕조와 관련된 수많은 서적이 나와 있다. 이 책의 제목이 《조선의 재발견》이듯이 우리가 흔히 알고 있는 조선 왕조에 대한 이야기를 굳이 구체적으로 언급하고 싶지는 않다. 다만 전체적인 조선 시대 역사의 흐름을 쉽게 파악할 수 있도록 간략하게 조선 왕조의 계보를 정리하였으며, 또한 좀 더 쉽게 역사를 이해하고 접할 수 있도록 각각의 시대를 배경으로 한 영화와 드라마를 알려 주고자 한다.

　이미 봤던 내용일 수도 있지만 시대적 배경을 알고 보게 되면 더 재밌게 작품을 감상할 수 있을 것이다. 역사를 딱딱한 공부로 여기는 것이 아니라 즐기면서 보는 영화나 드라마처럼 쉽게 다가갈 수 있음을 깨닫게 되길 바란다.

제1대 왕 태조(재위 1392년~1398년)

조선의 제1대 왕, 태조 이성계는 공양왕의 양위를 받아 조선을 창건했다. 그러나 재위 7년 만에 1차 왕자의 난으로 방과에게 양위하여 상왕으로 물러나게 된다. 그로부터 2년 뒤 방원이 즉위하고 태상왕의 자리에 오른다. 이성계는 50대라는 늦은 나이에 왕위에 올랐으나 짧은 재위 기간을 누리고 아들에게 왕위를 넘겨주고 만다. 이방원이 왕이 되고 자신이 태상왕이 되자 서북 지방으로 가 군사를 일으켜 정부군과 싸움을 벌이지만 패배하게 되고, 이후 아들의 눈치를 보며 말년을 조용하고 쓸쓸하게 보내게 된다.

이 시기를 배경으로 한 영화로는 〈순수의 시대〉, 〈해적〉 등이 있다. 특히, 영화 〈해적〉에서는 조선 건국 초기에 명나라로부터 새 국새를 받지 못해 약 10년 동안 국새가 없었다는 역사적 사실을 배경으로 제작되었으니 이를 참고로 영화를 보면 더 재밌게 감상할 수 있다.

제2대 왕 정종(재위 1398년~1400년)

제2대 왕, 정종 이방과는 수도를 개경으로 천도했다. 또한, 하륜의 건의에 따라 관제 개혁을 시행했다. 그는 태조 이성계의 차남으로 43세의 나이로 왕위에 올랐는데, 이는 자신의 의지가 아닌 동생에게 살아남기 위함이었다. 2년 후 동생 방원에게 왕위를 물려주고 상왕이 되었지만, 조선 초기까지는 왕 대접도 해주지 않고 시호도 내려주지 않는 굴욕을 겪었다.

　동생 이방원과 함께 아버지 이성계를 도와 조선을 건국하는 모습은 드라마 〈육룡이 나르샤〉에서 확인할 수 있다.

제3대 왕 태종(재위 1400년~1418년)

　제3대 왕, 태종 이방원은 왕자의 난을 일으킨 장본인이지만 조선 초기 기틀을 다지는 업적을 남겼다. 사병을 혁파하고 의정부, 사간원을 설치하였다. 또한, 호패법을 실시하고 호포제를 폐지하였으며 신문고 설치 등의 업적을 남겼다. 의금부를 설치함으로써 왕실 직속 친위대로서의 기반을 마련하여 왕권 강화에 힘썼고, 수도를 개경에서 한양으로 천도하였다. 이방원은 장남이 아닌 '삼남'인 이도에게 왕위를 물려주었고, 왕위를 물려주고 나서도 상왕이 되어 죽을 때까지 병권을 장악하여 왕 이상의 지위를 누렸다. 그가 대마도 정벌을 직접 감행한 것도 왕위를 물려주고 난 뒤인 것을 생각하면 그의 권력을 가늠할 만하다.

　조선의 2대 왕인 정종은 재위 기간이 너무 짧아 딱히 이 시기를 배경으로 만들어진 영화를 찾기 힘들지만, 정종에서 제3대 왕인 태종으로 넘어가는 '왕자의 난'을 배경으로 한 작품은 다수 있다. 드라마 〈육룡이 나르샤〉는 조선 건국부터 왕자의 난까지 다루는 작품이니 이 시기의 배경지식을 쌓는 데 도움이 된다.

제4대 왕, 세종 이도는 황희, 맹사성, 허조 등을 등용시키고 집현전을 설치하여 왕권과 신권의 조화를 이루었다. 또한 태종의 숭유억불 정책과는 달리 불교도 인정하였으며, 무엇보다 훈민정음을 창제한 업적이 있다. 박연을 등용하여 음악을 장려하고, 장영실을 발탁해서 과학기술 발달에 힘썼다. 세종은 체질상 비만이었던 데다가 말년에는 건강이 좋지 않아(눈병을 심하게 앓았으며, 각종 성인병을 앓았다) 세자인 이향에게 정사를 맡겼다. 세종은 22세의 나이에 왕위에 올라 조선 역사상 최고로 꼽을 만큼의 뛰어난 업적을 남겼다. 아버지의 말을 한 번도 어기지 않았을 만큼 효자였으며, 신하들과 토론하며 정무를 보는 것을 즐겼다.

앞서 언급한 드라마 〈육룡이 나르샤〉와 같은 작가의 작품인 드라마 〈뿌리 깊은 나무〉에서 세종에 대한 이야기를 다루고 있다. 또한, 영화 〈나는 왕이로소이다〉에서 배우 주지훈이 세종을 연기했다. 세종은 정치, 사회, 경제, 문화 등 여러 분야에서 수많은 업적을 남긴 역사상 최고의 성군이었던 만큼 다양한 작품의 모델이 되고 있다.

제5대 왕 문종(재위 1450년~1452년)

제5대 왕, 문종 이향은 《동국병감》, 《고려사절요》 등을 출간하고 병력 증대에 많은 노력을 했다. 그는 세종의 장남으로 성품이 온화하고 학식도 깊었다. 문종은 세종의 유지를 가장 잘 이어갈 인재로 평가되었으나, 몸이 약해 즉위한 지 2년 만에 승하하고 만다.

《조선왕조실록》에 잘생긴 왕으로 기록될 만큼 미남이었던 문종. 영화 〈관상〉을 통해 문종을 만나볼 수 있다.

제6대 왕 단종(재위 1452년~1455년)

제6대 왕, 단종 이홍위의 두드러진 업적은 없다. 그도 그럴 만한 게 아버지 문종이 급사하고 단종이 갑작스럽게 즉위를 하게 되었는데 그때 그의 나이가 고작 12살에 불과했기 때문이다. 문종의 장남인 단종은 삼촌인 수양대군에게 왕위를 찬탈당하며 노산군으로 강봉되었고, 이후 서인으로 강등돼 1457년 영월에서 생을 마감했다.

드라마 〈공주의 남자〉는 문종과 단종 재위 시기를 배경으로 하고 있다.

제7대 왕 세조(재위 1455년~1468년)

제7대 왕, 세조 이유는 의정부의 정책결정권을 폐지하고 호적, 호패제를 강화시켰다. 또한 중앙군을 5위로 개편하였다. 토지개혁을 실시하여 과전법을 폐지하고 직전법을 실시하였으며, 집현전을 없애긴 했지만 많은 서적 출간에 노력을 기울였다. 그 대표적인 결과물이 바로 《경국대전》이다. 세종의 차남으로 조카 단종에게서 왕위를 찬탈했다. 이후 한명회, 신숙주 등에게 대리 서무를 보게 하다가 결국 왕세자에게 왕위를 물려주고 죽음을 맞이하게 된다.

좀 오래된 작품이지만 드라마 〈왕과 비〉에서 배우 임동진이 세조 역할을 했다. 그리고 영화 〈관상〉에서 배우 이정재가 수양대군을 잘 표현한 장면이 나온다.

제8대 왕 예종(재위 1468년~1469년)

제8대 왕, 예종 이황은 세조의 차남이다. 그는 19세의 나이에 왕위에 올랐다. 조선 역대 2번째로 재위 기간이 짧았던 왕으로 몸이 약해 즉위한 지 13개월 만에 병사하여 뚜렷한 업적을 남기지 못했다.

하지만 '남이의 옥' 사건에서 보여준 결단력은 스스로 마냥 어리지 않았음을 증명하고 있다. 또한 법은 중시하지만 족쇄를 찬 죄수를 측은하게 바라보며 임금으로서의 덕(德)을 행하려는 모습도 있었다. 19세의 나이로 생을 마감하지 않았다면, 적국을 향한 강경책과 백성을 위해 자비를 베푸는 이상적인 왕이 됐을지도 모른다. 예종(배우 이선균)이 등장하는 영화 〈임금님의 사건수첩〉은 코믹한 내용이지만 그의 결단력과 인자함을 동시에 엿볼 수 있다.

제9대 왕 성종(재위 1469년~1494년)

제9대 왕, 성종 이혈은 조선 초기의 문물 제도를 완성시켰다. 《경국대전》을 완성하여 반포했으며, 숭유억불 정책을 강화하고 세조 때 폐지된 집현전을 대신해 홍문관을 설치하였다. 훈구파와 대립 관계에 있는 사림파도 과감히 등용하는 탕평책을 펼쳤다. 그는 덕종으로 추존된 이장(의경세자)의 차남이었다. 13세의 어린 나이에 왕위에 올랐지만 이상적 유교 정치를 실현하는데 힘썼다. 안타깝게도 말년에 유흥에 빠져 폐비 윤씨 사건이 불거진다. 성종은 나라 운영을 잘했지만 개인 사생활(?) 때문에 자식 농사에 실패한 경우라고 할 수 있겠다. 성종이 승하하고 뒤를 이은 연산군이 역사상 최고의 폭군이 되었으니 말이다.

성종이 승하하고 연산군이 왕이 되는 모습은 드라마 〈역적〉의 초반에 잠시 등장한다.

제10대 왕 연산군(재위 1494년~1506년)

제10대 왕, 연산군 이융은 업적보다 폭군으로 기억된다. 성종의 장남인 그는 수많은 유혈극을 벌이고 성균관과 사간원 등 언론기관을 모두 폐쇄하고 미녀를 간음하기가 극에 달했다. 결국 중종반정이 일어나면서 폐위되고 만다. 연산군을 기점으로 조선의 국운이 쇠퇴하기 시작했다고 평가되고 있다.

역사상 최고의 폭군답게 다양한 작품의 소재가 된 연산군은 영화 〈왕의 남자〉, 〈간신〉, 드라마 〈역적〉 등에서 만나볼 수 있다.

제11대 왕 중종(재위 1506년~1544년)

제11대 왕, 중종 이역은 연산군의 시대 폐정을 개혁시켰다. 조광조 등을 중용하여 왕도정치를 시도하였으며 소격서를 폐지하고 현량과를 실시했다. 그는 성종의 차남이었다. 그도 처음에는 어진 정치를 펼쳤지만 기묘사화를 기점으로 간신들이 판을 치는 바람에 타락의 길에 빠져들게 된다. 왕이었던 중종보다 신하 조광조로 인해 이 시기는 더 조명 받고 있다. 조광조의 개혁을 꺼려했던 중종은 기묘사화로 조광조의 세력을 숙청한다. 이 시기를 배경으로 한 작품에는 드라마 〈사임당〉과 〈대장금〉이 있다.

제12대 왕 인종(재위 1544년~1545년)

제12대 왕, 인종 이호는 기묘사화 때 폐지된 현량과를 다시 부활시켰다. 또한 조광조 등의 신원을 회복시켜 주었다. 몸이 병약하여 즉위하고 1년도 채 안 돼 병사하고 말았다. 그는 중종의 장남으로 30세의 나이에 왕위에 올라 세종에 버금갈 만한 어진 정치를 펼칠 인재로 평가되었으나 포부를 펼치지 못한 채 요절하고 말았다. 9개월의 재위 기간으로 조선 역사상 가장 짧은 재위 기간을 지냈던 임금이다. 야사에 의하면 문정왕후가 준 떡을 먹고 인종이 죽었다는 이야기도 있다. 드라마 〈여인천하〉에서 정태우가 인종 역을 맡았다.

제13대 왕 명종(재위 1545년~1567년)

제13대 왕, 명종 이환은 비변사를 설치하고 수륙군을 관찰사의 지휘 아래 공동출전하게 하는 등의 국방 정책을 수립했다. 또한 여러 가지 간행 사업을 전개하고 권문세가의 불법 토지를 몰수하여 재분배하였다. 중종의 차남으로, 인종이 급사하고 12살에 왕이 된 명종은 어머니 문정왕후의 꼭두각시가 된다. 문정왕후를 지지하는 세력과 인종의 세력 간 갈등이 극심해지면서 을사사화가 일어난다. 이로 인해 민생은 한없이 혼란스러워지고, 이때 우리가 잘 아는 의적 임꺽정이 등장하게 된다. 작품으로는 드라마 〈임꺽정〉이 있다.

제14대 왕 선조(재위 1567년~1608년)

제14대 왕, 선조 이균은 임진왜란의 주인공이다. 그는 이황과 이이를 등용하여 국정쇄신에 많은 노력을 하고 여러 서적을 간행하며 유학을 장려했지만, 임진왜란을 맞고 굴욕적인 태도를 보여 많은 비난을 받았다. 그는 덕흥대원군 이초의 삼남이었다. 선대왕인 명종이 후사가 없었기 때문에 방계 혈통으로서 16세의 나이에 왕위에 올랐다. 41년의 긴 재위 기간을 보냈지만 전란과 당쟁으로 시달렸다.

선조 대를 배경으로 한 작품은 굉장히 많다. 이 시기에 바로 임진왜란이 일어났기 때문인데 임진왜란은 류성룡과 이순신, 이이, 이황, 허준 등 많은 영웅이 나오게 만들었다. 이 영웅들의 이야기는 작품의 소재로 하기에 부족함이 없다. 작품으로는 영화 〈명량〉, 〈구르믈 버서난 달처럼〉과 드라마 〈허준〉, 〈불멸의 이순신〉, 〈징

비록〉 등이 있다.

제15대 왕 광해군(재위 1608년~1623년)

제15대 왕, 광해군 이혼은 평이 많이 엇갈린다. 명과 후금 사이에서 실리를 추구한 양면 외교를 보여 전란의 위기를 극복했다. 또한 많은 서적을 편찬했으며, 호패제를 다시 실시했다. 하지만 자신의 형제인 임해군과 영창대군, 능창대군을 죽이고 인목대비를 폐서인시킨 점에서 부정적인 평가를 받기도 한다. 광해군은 선조의 차남이다. 대북파의 지지를 받아 34세의 나이로 왕위에 올랐으나 능양군이 이귀, 최명길 등과 함께 인조반정을 일으켜 폐위되었다. 이후 강화도, 제주도에 유배되어 그곳에서 죽음을 맞이한다.

광해군이 등장하는 작품에는 모두가 잘 아는 영화 〈광해〉가 있다. 또한, 드라마 〈화정〉에서 차승원이 광해군 역을 잘 소화해냈다.

제16대 왕 인조(재위 1623년~1649년)

제16대 왕, 인조 이종은 인조반정으로 왕위에 올랐다. 그는 원종으로 추존된 정원군 이부의 장남이다. 왕위에 오른 뒤 양전을 시행하여 토지 제도를 시정하고 총융청 · 수어청을 설치하여 군제를 정비했다. 이이가 주장한 대동법을 받아들여 실시하고 민간 무역을 허용하였다. 그러나 친명배금 정책으로 정묘 · 병자호란을 맞아 패하고 항복하였다. 그 결과 청과 군신의 의를 맺고 소현세자와 봉림대군을 볼모로 보내게 된다. 역사상 가장 굴욕적인 왕으로 꼽힌다.

드라마 〈화정〉에서 인조의 모습을 확인할 수 있으며, 영화 〈최종병기 활〉이 이 시대를 배경으로 하고 있다.

제17대 왕 효종(재위 1649년~1659년)

제17대 왕, 효종 이호는 인조의 차남이다. 병자호란 이후 소현세자와 같이 청에 볼모로 잡혀갔다. 소현세자와는 달리 청에 대한 적개심을 가지고 있다가, 소현세자의 급작스러운 죽음으로 세자에 책봉되어 31세의 나이에 왕위에 올랐다. 김상헌, 송시열을 중용하여 북벌 계획을 수립하였고, 군제 개편, 군사훈련 강화, 대동법을 실시하였다. 상평통보를 발행하는 경제시책에 업적을 남긴 왕이다. 효종이 북벌에 집착했던 것은 아마 병자호란 때문에 청나라에서 8년간 볼모 생활을 했던 영향이 컸을 것으로 짐작된다. 비밀리에 북벌을 계획했지만 뜻을 이루지 못하고 세상을 떠났다.

영화 〈봉이 김선달〉과 〈조선 마술사〉가 이 시대를 배경으로 하고 있다.

제18대 왕 현종(재위 1659년~1674년)

제18대 왕, 현종 이연은 효종의 장남으로 20세의 나이에 왕위에 오르지만 자의대비의 복상 문제와 관련하여 재위 당시 정권이 두 차례나 뒤바뀌는 환국을 겪었다. 이에 국력은 쇠퇴해졌으며 흉년과

기근이 끊이지 않았다. 그럼에도 호남의 산군에도 대동법을 실시하였고 경기도에 양전을 시행했다. 예송논쟁을 빌미로 당파 간의 권력 투쟁이 극심했던 시기다. 재위 기간이 15년으로 결코 짧지는 않지만 아버지 효종과 아들 숙종에게 밀려 그리 존재감은 없었다. 드라마 〈마의〉에서 배우 한상진이 현종 역을 맡았다.

제19대 왕 숙종(재위 1674년~1720년)

제19대 왕, 숙종 이순은 현종의 장남으로 14세의 나이로 왕위에 올랐다. 아직 어린 나이였지만 정치에 관심이 많아 전후 복구사업의 마무리를 지었다. 재위 기간 동안 전란이 없어 사회적으로는 안정을 이루었지만 정계의 당파 싸움이 최고조에 이르렀다. 함경도 · 평안도를 제외한 모든 지역에서 대동법을 실시하여 실효를 거두었으며, 임진왜란 · 병자호란 이후 계속된 토지사업을 추진하여 마무리를 짓는다. 압록강 주변의 무창, 자성의 2진을 개척하여 영토회복운동을 전개하였으며, 함경 감사 이선부로 하여금 백두산 정계비를 세워 간도를 포함하는 청과의 국경선을 확정지었다. 금위영을 추가 설치하여 5영 체제를 완성하였으며, 상평통보를 본격적으로 주조하여 통용하도록 하였다.

숙종은 왕 본인보다 '인현왕후'와 '장희빈'의 이야기를 배경으로 삼은 작품들이 훨씬 많다. 여인들의 기(?)싸움이 치열했던 모습은 드라마 〈장희빈〉, 〈장옥정〉 등에서 확인할 수 있으며, 영화 〈궁녀〉 또한 이 시대를 배경으로 하고 있다.

제20대 왕 경종(재위 1720년~1724년)

제20대 왕, 경종 이균은 숙종의 장남이다. 경종은 몸이 몹시 병약했는데 야사에 의하면 생모 장희빈이 죽기 전 아들 경종의 중요부위를 잡아 당겨 생산 능력을 상실하고 병약하게 됐다는 이야기가 있다. 그는 병석에서 절정에 이른 노론과 소론의 치열한 대립을 그저 지켜만 보다가 즉위하고 4년 2개월 만에 병사하게 된다. 후사가 없었기에 연잉군을 세제로 삼았다. 드라마 〈대박〉에서 배우 겸 가수인 현우가 경종 역을 맡았다.

제21대 왕 영조(재위 1724년~1776년)

제21대 왕, 영조 이금은 균역법을 시행하고 이조전랑 통청법을 혁파하였다. 노론·소론 가운데 탕평책을 따르는 온건파만 등용하다가 점차 능력 위주의 인재를 기용하며, 붕당정치에서 왕권을 확립하였다. 영조는 숙종의 차남으로 31세에 왕위에 올라 52년이라는 가장 오랜 재위 기간을 자랑한다. 비인간적인 형벌 제도인 압슬형, 낙형, 자자형을 폐지하고 금했으며,《수교집록》,《속대전》,《속오례의》등을 편찬하여 법치 체계를 재정비하였다. 허나 그는 자신의 업적보다 자식(사도세자)을 뒤주 속에 가둬 죽인 아버지로 더 기억되고 있다. 영화 〈사도〉와 드라마 〈비밀의 문〉에서 이 모습을 지켜볼 수 있다.

제22대 왕 정조(재위 1776년~1800년)

제22대 왕, 정조 이산은 영조에게 죽임을 당한 사도세자의 장남이다. 개혁적이며 조선 후기 문화의 발달을 이끈 왕으로 칭송받고 있다. 25세의 나이로 왕위에 올라 조부인 영조의 탕평책을 이어받아 국가를 안정시키는데 큰 기여를 하였다. 중소상인이 발전할 수 있도록 제도적 뒷받침을 해주고 실학도 중용함에 따라 새로운 사상이 발전할 수 있는 전기를 마련했다. 재위 18년째에 발병한 절후(癤候), 즉 부스럼이 피부를 파고드는 정도가 심해져 49세의 나이로 죽음을 맞이했다. 정조는 문무에 뛰어나고 인간적인 왕이었는데, 그의 무예가 뛰어났던 것은 계속된 암살 위협 때문이었다. 그 덕에 하루도 마음 편히 잠을 청한 일이 없을 정도였다고 한다.

영화 〈역린〉은 정조를 암살하려고 했던 실제 사건을 재구성하여 만든 작품이다. 드라마 〈이산〉 역시 정조를 주인공으로 한 작품으로 정조의 일대기를 살펴볼 수 있다.

제23대 왕 순조(재위 1800년~1834년)

제23대 왕, 순조 이공은 정조의 차남으로 11세의 나이에 왕위에 올랐다. 아직 어린 나이였기에 정순왕후의 수렴청정을 받았다. 이후 친정을 시작하여 선왕의 여러 정책들을 바탕으로 국정을 주도하려 했으나 실패하고 정권은 일부 명문가에게로 넘어가고 만다. 암행어사를 파견하고 하급 친위 관료 육성으로 국정을 파악하고 국왕의 권력을 강화하려 노력했다. 그럼에도 심각한 기근과 홍경래의 난 등으로 세도정치가 자리 잡게 되자 효명세자에게 대리청정을 시키고 일선에서 물러난다. 영화 〈혈의 누〉는 이 시기를 배경으로 하여 만들어진 작품이다.

제24대 왕 헌종(재위 1834년~1849년)

제24대 왕, 헌종 이환은 익종으로 추존된 효명세자의 장남으로 조선 왕조 역사상 가장 어린 8세의 나이에 왕위에 올랐다. 이에 순원왕후가 수렴청정을 하였는데 덕분에 외척 세력인 안동 김씨와 풍양 조씨의 세력 다툼이 끊이지 않았다. 이에 민생은 더욱 어려워져만 갔다. 왕이 너무 어려서인지 헌종 대를 배경으로 한 영화는 찾기 쉽지 않다.

제25대 왕 철종(재위 1849년~1863년)

제25대 왕, 철종 이변은 헌종이 후사가 없이 사망하자 강화에서 유배 생활을 하다가 갑자기 19세의 나이에 왕위에 오르게 되었다. 안동 김씨의 세도정치가 절정에 달하여 삼정의 문란 또한 극에 달했다. 전국에서 민란이 끊이지 않았으며 천주교와 동학이 새로운 사상으로 성장하였다. 철종은 전계대원군 이광의 삼남인데 여색에 빠져 정치를 뒤로 미루다가 결국 병사하였다. 이 혼란한 시기를 잘 나타낸 작품이 바로 영화 〈군도〉이다.

제26대 왕 고종(재위 1863년~1907년)

제26대 왕, 고종 이형은 흥선대원군 이하응의 차남으로 철종이 후사를 남기지 않고 죽자 조대비와 흥선대원군의 이해관계가 일치하여 12세의 나이로 즉위하게 되었다. 그 후 10년간 대원군의 집정 시대를 겪고 친정을 선포하지만 다시 민씨의 세도정치를 겪게 된다. 그 후 열강들의 세력 다툼 속에서 황제국을 선포하고 대한제국을 건국하지만 일본과 을사늑약을 체결함으로써 병자호란 이후 국가존망의 최대 위기를 맞게 된다.

흥선대원군의 아들인 고종은 명성황후의 남편으로도 잘 알려져 있다. 영화 〈가비〉는 고종이 러시아 공사관으로 아관파천한 시기를 배경으로 한 영화이다. 최근 영화 〈덕혜옹주〉가 주목을 받았는데 덕혜옹주의 아버지이기도 하다. 고종은 헤이그 특사 사건으로 인해 일제의 압박으로 강제 폐위되고 만다.

제27대 왕 순종(재위 1907년~1910년)

제27대 왕, 순종 이척은 고종의 차남으로 조선의 마지막 왕이다. 1910년, 국권이 피탈되어 조선 왕조는 519년 만에 망하고 일본의 지배 아래에 들어가게 된다. 헤이그 특사 파견의 책임을 지고 고종이 물러난 뒤, 34세의 나이로 왕위에 올랐다. 하지만 경제가 침탈되고 통감부의 기능 하에 정치까지 흡수되어 결국 국권을 빼앗기고 한일경술늑약을 체결하게 된다.

순종은 일제강점기를 배경으로 한 다양한 작품에서 잠깐씩 노출되었다. 영화 〈덕혜옹주〉에서 배우 안상우씨가 열연을 펼쳤다.

다시 말하지만 역사가 어렵다면 영화나 드라마를 활용하는 것도 좋은 방법이다. 역사란 다가가기에 결코 무거운 주제가 아니다. 우리 가까이에서 느낄 수 있는 실제 있었던 사건일 뿐이다. 소설보다 재밌고, 영화보다 더 영화 같은 이야기인 것이다.

얼마 전, SBS 시사 교양 프로그램인 〈그것이 알고 싶다〉를 시청했다. 자신과 정치 사상이 다르다고 판단되면 살인도 허용되던 시절의 이야기였다. 방송 당시 한 학살 주도자 가족의 발언이 인상 깊었다.

"세상이라는 건 언제든지 공평하지 않은 게 인생이다. 독립운동하는 사람들은 왜 가난하고 친일했던 사람들은 왜 잘 사느냐? 그것도 한 세대만 따지는 거다. 그게 두 세대, 세 세대 넘어간 후에는 잊어버리고 미래를 생각하는 게 더 낫다. 그런데 지금 문재인 씨는 미래 이야기하는 걸 들어본 적이 없다. 과거만 뒤지고 있다. 박근혜 그렇게 하고 나서 못마땅한지 그 다음에 이명박 것도 뒤지고 있다. 과거 뒤지는 게 난 제일 밉다."

그의 이러한 대답과 태도는 우리 과거사에 비판적인 사람들의 울분을 자아냈다.

물론 미래지향적인 것이 나쁜 것은 아니다. 나 역시 미래지향적인 태도를 추구하는 바이다. 하지만 비틀어진 과거를 제대로 알고 잡지 않은 채 미래만을 지향한다면 거듭된 실수가 실패로 이어질 것이다. 잘못 끼어진 단추는 처음부터 다시 끼우지 않으면 안 된다. 잘못 끼워진 단추를 외면한 채 다음 단추를 끼워 간 미래는 보지 않아도 충분히 알 수 있다.

역사는 그저 흘러간 시간이 아니다. 그 시간을 반면교사 삼아 더 나은 선택과 미래를 추구해야 하는 가르침이다. 우리가 어릴 적 실수와 실패를 경험하면서 더 나은 성장을 추구하는 어른이 되듯이 말이다.

《조선의 재발견》은 2017년 초에 발간된 《조선족 재발견》에 이은 두 번째 재발견 시리즈이다. 우리가 오해하고 있고, 모르고 있던 조선족에 대한 것들을 알아갔듯이, 우리가 알고 있는 조선과 또 다른 측면의 조선, 알지 못했던 조선에 대한 이야기를 하고 싶었다. 그리고 몇 백여 년 전의 조선과 지금 우리는 얼마나 달라져 있는지, 그 시간만큼 얼마나 성장해왔는지에 대해서 이야기하고 싶었다. 그 시간 동안 그리 성장하지 못했다면 어쩌면 그건 우리가 역사를 제대로 마주하고 있지 않아서는 아닐까 하는 의문점도 던지며 말이다.

세상에는 우리가 이미 잘 알고 있다고 여기는 편견 때문에 오해하는 부분이 많다. 인문학 집필 연구소인 한주서가에서는 앞으로도 다양한 부분에서 새로운 모습을 재발견하여 책으로 세상과 공유하려 한다. 우리가 발견하는 새로운 모습들을 여러분들도 흥미롭게 같이 찾아 나갈 수 있기를 바란다.

| 참 | 고 | 문 | 헌 |

간행물

- 고전문학연구회, 《봉이 김선달의 부자되는 이야기》, 어울림, 2007.
- 김별아 지음, 《영영이별 영이별》, 해냄, 2014.
- 박영규 지음, 《한권으로 읽는 조선왕실계보》, 웅진지식하우스, 2008.
- 신명호 지음, 《조선왕비실록》, 역사의아침, 2007.
- 신명호 지음, 《조선왕조 스캔들》, 생각정거장, 2016.
- 심재우 지음, 《네 죄를 고하여라》, 산처럼, 2011.
- 역사인물편찬위원회, 《불사조 천하》, 역사디딤돌, 2010.
- 유승완 지음, 《한권으로 읽는 조선왕비열전》, 글로북스, 2010.
- 윤정란 지음, 《조선왕비 오백년사》, 이가출판사, 2008.
- 이성규 지음, 《조선과학실록》, 맞닿음, 2014.
- 이성주 지음, 《왕들의 부부싸움》, 애플북스, 2013.
- 이수광 지음, 《조선을 뒤흔든 16인의 왕후들》, 다산초당, 2008.
- 이윤우 지음, 《조선 속에 숨어있는 역사의 한 뜸》, 영진닷컴, 2006.
- 이종호 지음, 《조선 최대의 과학수사 X파일》, 글로연, 2008.
- 이한 지음, 《요리하는 조선 남자》, 청아출판사, 2015.
- 정광 지음, 《조선시대의 외국어 교육》, 김영사, 2014.
- 정구선 지음, 《조선왕들, 금주령을 내리다》, 팬덤북스, 2014.
- 정명섭 지음, 《조선직업실록》, 북로드, 2014.
- 조열태 지음, 《정도전과 조선건국사》, 이북이십사, 2014.
- 체암나대용장군기념사업회, 《거북선을 만든 과학자 체암 나대용 장군》, 세창문화사, 2015.
- 표학렬 지음, 《하룻밤에 읽는 조선사》, 알에이치코리아, 2015.
- 한국고문서학회, 《조선의 일상, 법정에 서다》, 역사비평사, 2013.

뉴스 기사

- 〈노비 남편 출산휴가… 세종의 혁신 복지〉, YTN, 2013년 10월 10일.
- 〈다리 이름이 왜 영도교인가 하면…〉, 오마이뉴스, 2006년 4월 29일.
- 〈대한제국의 마지막 황후, 순정효황후〉, 이대학보, 2012년 11월 12일.
- 〈'마지막 상궁' 사경 헤맨다〉, 중앙일보, 2001년 3월 9일.
- 〈미모 빼어난 단종의 부인을 첩으로 삼으려 했던 신숙주〉, 매경프리미엄, 2016년 2월 5일.
- 〈사회복지란 과연 무엇일까요〉, 오마이뉴스, 2003년 5월 7일.
- 〈세자만 30년에 어렵사리 왕위 올랐지만…〉, 매일경제, 2016년 1월 11일.
- 〈어리석거나 혹은 현명하거나? 여성을 멀리한 제안대군〉, 전성기News, 2016년 5월 16일.
- 〈이씨와 김씨, 조선 왕비가 될 수 없었던 이유〉, 오마이뉴스, 2012년 1월 18일.
- 〈임금의 장인이면서 청렴, 청주 한백륜〉, 충북일보, 2010년 8월 24일.
- 〈조선시대 중종 이후 500년간 실패한 주거정책〉, 건설경제, 2017년 2월 7일.
- 〈총명한 세자, 어머니의 영향으로 결국…〉, 동아사이언스, 2013년 6월 17일.
- 〈한국여성인물사전 54. 안순왕후〉, 이투데이, 2017년 2월 16일.
- 〈한국여성인물사전 57. 인선왕후〉, 이투데이, 2017년 2월 21일.
- 〈한때 왕비였으나, 비구니의 삶을 산 정순왕후〉, 오마이뉴스, 2009년 10월 24일.
- 〈한일합병 아니되오! 열일곱 살 순정효황후, 치마폭에 감춘 옥새〉, 중도일보, 2016년 8월 21일.
- 〈99% 개돼지는 왜 이 사람에게 열광했나〉, 오마이스타, 2016년 7월 12일.